金融科技巨头论
——科技巨头从事金融业务治理研究

朱文生／著

立信会计出版社
LIXIN ACCOUNTING PUBLISHING HOUSE

图书在版编目(CIP)数据

金融科技巨头论：科技巨头从事金融业务治理研究 /
朱文生著. —上海：立信会计出版社，2020.12
　（序伦财经文库）
　ISBN 978-7-5429-6668-1

　Ⅰ.①金…　Ⅱ.①朱…　Ⅲ.①金融—科学技术—研究
Ⅳ.①F830

中国版本图书馆 CIP 数据核字(2020)第 260580 号

责任编辑　　张巧玲
封面设计　　南房间

金融科技巨头论——科技巨头从事金融业务治理研究
JINRONG KEJI JUTOULUN KEJI JUTOU CONGSHI JINRONG YEWU ZHILI YANJIU

出版发行	立信会计出版社		
地　　址	上海市中山西路 2230 号	邮政编码	200235
电　　话	(021)64411389	传　真	(021)64411325
网　　址	www.lixinaph.com	电子邮箱	lixinaph2019@126.com
网上书店	http://lixin.jd.com	http://lxkjcbs.tmall.com	
经　　销	各地新华书店		
印　　刷	江苏凤凰数码印务有限公司		
开　　本	710 毫米×1000 毫米	1/16	
印　　张	9.5		
字　　数	132 千字		
版　　次	2020 年 12 月第 1 版		
印　　次	2020 年 12 月第 1 次		
书　　号	ISBN 978-7-5429-6668-1/F		
定　　价	48.00 元		

如有印订差错，请与本社联系调换

前　　言

2020 年世界各国先后陷入新型冠状病毒肺炎（COVID-19）疫情中，上至总统、下至黎民纷纷染病；国家之间脱钩、城乡互动停摆、经济急剧下降。在此背景下，引人注目的是，科技巨头提供超级计算资源、主导网络生存模式、加速全球数字化转型及追踪病毒人群的能力广受追捧，俨然成为各国维持社会运转、应对疫情危机的中流砥柱，是这场疫情一个明显的、为数不多的赢家。

再回顾近二十年科技巨头塑造的技术构造变革，提供的产品、服务冲击全球，进行的市场、理念交锋碰撞，打败的商务、金融对手，取得的辉煌商业成就（苹果、微软、亚马逊、Google 母公司 Alphabet、Facebook、阿里巴巴、腾讯等股票市值排名世界前十位），各方在感性赞叹科技巨头拓展了未来视野、改变了历史进程、增添了戏剧张力之余，也理性质疑科技巨头究竟有多强大？其权力边界究竟何在？

在科技巨头权力盛行的当代，我们已熟知其为抗击新冠疫情、拉动社会经济发展所做出的巨大贡献，但也耳闻个别巨头游走在道德和法律边缘为虎作伥的讯息（如科技巨头滥用数据、侵犯隐私的副作用），而这也表现出了科技巨头权力的两面性，正如莎士比亚

(William Shakespeare)戏剧《一报还一报》(*Measure for Measure*)中所言:"有巨人的力量固然好,但像巨人那样滥用力量就是一种暴行。"

没有约束的权力就会失控,科技巨头权力必须有序运行在治理的明晰边界内。尽管目前科技巨头关系国计民生、影响全球格局,但由于身处新兴、跨界行业,其治理体系仍在懵懂、混沌与清晰之间探索徘徊。具体就科技巨头从事金融业务(即金融科技巨头)而言,其辉煌成长的逻辑尚未梳理清楚,快速、深刻的技术创新在催促其于迷茫的十字路口抉择发展方向,而与时俱进又变化莫测的全球或国家治理体系又让尚未成型的金融科技巨头治理不断面临新的调整和挑战。

巨头权力治理,历史上曾经有过惊人的相似,马克思在《东印度公司,它的历史与结果》中分析了英国东印度公司"新的敌人已不再是同它市场竞争的企业,而是同它竞争的国家政府",揭示了东印度公司从海外贸易、殖民掠夺开拓日不落帝国开始到它彻底退出历史舞台的事实真相。是宿命还是巧合?金融科技巨头如何把握自己的发展方向,全看自己。

高处不胜寒。金融科技巨头无法回避自身在人类命运共同体与理性国家治理(Good Governance,善治)中选择定位的宏大命题,始终要面对巨细无遗的行业治理现实问题。马云说他最后悔创立了阿里巴巴;再给一次机会,会尽量不把公司做这么大。谷歌CEO皮查伊(Sundar Pichai)也有"谷歌最大的威胁可能是自身取得的成功"的感慨。不必揣测巨头领袖们的语境及真实想法,但在呼吁其需以企业公民或家国情怀承担更多社会责任的同时，也确实要帮助其缓解巨大的竞争压力，完善复杂的治理环境，托起它能再次腾飞的沉重翅膀。

2019年11月5日发布的《中共中央关于坚持和完善中国特色社会主义制度 推进国家治理体系和治理能力现代化若干重大问题的决定》，既凸显了金融科技巨头治理的理论与实践意义，也为金融科技巨头治理的完善指明了方向。当前金融科技巨头的宏大命题及现实问题的化解之道是搭建治理框架，但理论和实务界尚没有一个对金融科技巨头治理所涉及的各种问题进行全面考察的分析框架。本书试图建构一个分析框架。该框架包括技术、政治、经济、社会等金融科技巨头治理的多维度理论探究；政治、政策、监管等金融科技巨头治理的多层面战略协同；政府、巨头、初创企业、传统金融机构等金融科技巨头治理的多主体角色定位；范式、工具及响应等金融科技巨头治理的多机制政策组合；中国、美国、欧洲、印度等国家或地区金融科技巨头治理的多样本差异比较；支付、理财和信贷、大数据征信、金融云、反垄断、政策选择及变迁、"新冠后"展望等金融科技巨头治理的多领域议题讨论。

目　　录

第一章　金融科技巨头治理框架探索

一、金融科技巨头治理多维度理论探究

本章从技术、经济、社会、政治等维度梳理金融科技巨头治理的相关理论假设,为治理实践奠定理论基础。

1. 政府、社会治理变革的技术基础理论

达雷尔·韦斯特(2011)、陈振明(2015)都关注过技术变迁与政府治理的关系,认为技术变革是政府治理变革的最深刻动因;技术变革反映出权力关系的本质变化,过去历次工业革命的技术组织模式采用垂直结构,倾向于中央集权自上而下的管理体制;目前数字革命的技术组织模式采取扁平化结构,数字革命可释放合作性权力,这从根本上重构经济社会的权力关系;数字时代的政府治理是一个基于空间识别(Cyber-dection)、群体定位(Group-targeting)和多元节点(Variable-nodality)的新治理模式;数字革命使得形成于工业社会的官僚制或科层制显得过时,新的政府体制的变革呈现出网络化、扁平化、分布式、开放性以及自下而上等特征。

邱泽奇(2019)从社会学角度研究了技术变革导致的社会治理异步困境。他认为金融科技的本质是新技术向金融领域蔓延,逐步同更广泛的市场、社会运行机制相结合,催生了全新的经济、社会形态。新的经济、社会形态呈现个体化、非物理空间场景化、不可识别、不在场的叠加特征,让新技术行为特征变得难以预见,传统社会治理的属地治理

逻辑失灵,传统治理对新社会变化缺乏充分消化和回应。这导致了技术变革与社会规则之间的异步,也是技术化社会治理困境的根源。

传统政治空间的本质是任何个体和组织都具有不可逾越的行政边界。金融科技背景下产生无形、无组织权力形态的新型自主政治空间、观念空间,从居民到网民,从实体社区到虚拟社区,传统集权化政府治理和社会治理识别、管治新型空间的能力衰退,甚至形成权力真空、政策真空。而科技巨头凭借新技术手段替代政府介入新型政治空间,挑战政府权力的极限(如传统牌照、中央清算所治理对于金融云、点对点加密货币支付等无效或低效)。

2. 平台企业基础设施垄断原理

诺贝尔经济学奖获得者梯若尔(2001)研究了平台企业在市场中的"关键设施"地位,这类"基础设施"企业可以对下游企业"设置准入管制"或"设置准入权"。允许这种"准入权"管理,作为"基础设施"的平台企业就有可能获得"垄断"高收益率。

金融科技巨头移动支付、云计算等平台成为系统重要性基础设施。这种针对下游企业形成的无法削弱的第三方依赖,政府治理应该有相应的反垄断调查及措施,纠正市场结构及市场行为可能的滥用;但一些政府治理采取了放任或依附的态度,甚至政府治理围绕金融科技平台转,这是一种错位。

3. 厂商范围经济理论

钱德勒(2004)认为,由厂商的范围而非规模带来的经济效应,即同时生产两种以上产品的费用低于分别生产每种产品所需成本的总和时,所存在的状况就是范围经济。

一旦获得了既定的用户群和品牌认可,科技巨头通常会进入金融服务领域,金融服务与其核心非金融活动之间的强大互补性,本质上可以用范围经济来解释:尽管科技巨头核心非金融产品与金融服务可能看似毫不相干,但二者会共用某些关键生产要素,分担成本,从而产生范围经济。共用关键生产要素包括算法(软件工程师)、计算能力(服务器)、数据、流量等。

4. "本地资源"参与治理理论

诺贝尔经济学奖获得者奥斯特罗姆(2000)认为,为了引导人们更好地合作,高效治理模式需要运用地方性知识,并设计出与各自环境契合的"个性化"制度。她提出了治理规则设计的三个问题和八项原则。三个问题分别是"谁来制定规则""如何分配权利义务"及"怎样解决纠纷"。八项原则:一是清晰界定边界,包括资源所有者边界和资源边界;二是占有和供应规则与当地条件保持一致;三是保证本地人参与规则制定;四是完善监督体系;五是建立分级式制裁;六是冲突解决机制最好由本地人执行;七是对组织权的最低限度认可;八是建立分权制组织。

金融科技巨头治理的突出问题是没有充分利用"本地资源"。目前金融科技巨头治理通常由政府制定政策、进行管理;尽管巨头和金融科技领域不同利益主体之间进行着频繁的交互,拥有公共政策制定者可能没有的本地资源优势,但政府治理以巨头目标不是公众利益最大化为由,只允许其在政府治理中起一些咨询作用,并没有"积极异议"的否决权。同理,金融科技巨头平台内部治理常用的治理模式是平台运营者制定规则、进行管理,缺少对平台使用者本地知识的搜集,难以调动其积极性。

其实,更为可取的做法是,金融科技巨头政府治理及内部治理中,让巨头及平台使用者作为规则制定者、规则维护者,一起参与到治理的过程中来。

5. 平台"网络外部性"理论

卡茨和夏皮罗(1985)提出,由于网络自身的系统性、网络内部信息流的交互性以及网络基础设施长期的垄断性等原因，随着使用同一网络产品或服务（如互联网、电信网、航空网等）用户的数量变化，每个用户从消费此产品或服务中获得效用的变化。

金融科技巨头在线多边平台（Multi-Service Platform，MSP）的典型特征是存在网络外部性：用户参与平台一方的好处会随着另一方用户的数量而增加。一旦MSP吸引了足够数量的双方用户，重点就会转向进一步增加用户数量，以达到采用率加速提高并启发网络效应的临界点。超越临界点之后，就会出现飞速增长。

积极的网络外部性：一边是服务用户平均成本随着用户总数扩张而下降；另一边是用户愿意为访问更大的网络支付更多的费用，金融科技巨头从新客户那里获得的边际收益不断增加。这就是金融科技巨头行业集中度高的原因之一。

网络外部性使得金融科技巨头占据市场主导，超出了传统意义上的金融监管领域，引发竞争和数据隐私问题；因而金融科技巨头治理需要建立在更全面的方法之上，需要结合金融监管、竞争政策和数据隐私监管。

6. 金融科技算法相关理论

金融科技算法是指将生产经验、逻辑和规则总结提炼后"固化"在代码上，使金融科技活动无须人工干预而自动执行的经济模式。图灵奖获得者、Pascal（结构化编程语言）之父尼古拉斯·沃斯（1976）提出一个著名公式："程序＝算法＋数据结构"。如果将其扩展至更为广泛的业务流程，该公式可以修正为"智能业务＝算法＋数据"。常说的云计算、大数据、人工智能、分布式账本技术等，实质上均为"算法＋数据"的体现，无非侧重点各有不同。

算法是驱动金融科技运转的后台世界及底层逻辑。目前算法超越了金融科技的技术环节，深入风险管理、金融资源配置等核心业务环节。金融科技模型越复杂，服务越个性化，需求越升级，对算法的要求越高。某种程度上,算法决定金融科技的发展潜力,成为金融科技发展的内在要素和核心竞争力。

当算法驱动金融科技发展的同时,一些负面因素逐渐显现:算法隐含了价值判断,盲目信任或依赖某种算法,容易产生近年来国际上广泛关注的算法歧视问题。例如,有的算法基础数据中隐含着民族、种族和性别等歧视,有的算法存在"流量为王"等市场偏见,有的算法更是隐藏了利益集团的操控。并且,算法是自运行、自我学习的,自我学习之后有可能会失控。

针对算法的负面因素,一是用正确的价值观指引算法的设计和应用。纠正各种市场不正确、政治不正确的观念,加强对涉及侵害公众基本权利、公共利益的算法的监管。二是提高算法公开性、透明度,让公众参与打破算法黑箱的歧视操作。但某些情况下,合理运用算法的不透明,也可能发挥弥补社会裂痕、维持社会共识的正面作用。例如,对于贫困人口补助的评定算法,不透明算法既相对有效地确定了贫困群体,又避免了公开对其自尊心的伤害。

二、金融科技巨头治理多层面战略协同

1. 政治层面

法国前总理德维尔潘(Dominique de Villepin)认为,"现在是政治领导世界,政治在决定世界的基本方向。无论投资什么、开拓何处,都需要考虑政治环境、政治情景"。

随着大国角力的加剧,一度让金融科技巨头左右逢源的市场开放、人才流动、跨国并购等全球地缘政治(Geopolitics)稳定发展的环境岌岌可危,层出不穷的国家安全、数字主权、防火墙、数字税、国家黑客等问题左右夹击,逼迫金融科技巨头在地缘政治夹缝中求生存。同时,地缘政治导致各国金融科技巨头治理的利益、立场、目标不一,贴近本

国政府还是顺从国际惯例,这个问题,让巨头无所适从。一句话,地缘政治干扰了金融科技巨头全球治理,直接导致蚂蚁金服收购美国速汇金(Money Gram)失败等一系列金融科技领域的逆全球化事件。

各具特色的政治制度总体上可分为民主制、集权制两大类型,从政治制度可以探寻金融科技巨头治理的脉络。例如,美国小政府主义的金融科技巨头治理突出市场无形之手,而中国香港自由主义的金融科技巨头治理呈现自由化、弱政府的特点。尽管中国香港引进了金融科技监管沙盒(Regulatory Sandbox)制度,为腾讯、阿里巴巴等公司发放虚拟银行牌照,但弱政府的特点决定了金融科技巨头难以获得进一步的政策补贴、监管豁免等,将制约其在中国香港传统金融市场后来居上的势头,较难达到中国香港金管局期望激活市场的鲶鱼效应(Weever Effect)。

金融科技巨头掌控数据和算法,改变社会资源配置方式和社会组织运行方式,形成政治实力。其政治实力突出体现在股票市值、聘请"旋转门"政治人物及游说(Lobbying)支出上。例如,截至2020年8月28日,苹果市值2.13万亿美元,微软市值1.74万亿美元,亚马逊市值1.70万亿美元,谷歌母公司Alphabet市值1.12万亿美元,Facebook市值8 366亿美元,阿里巴巴市值7 753亿美元左右,独角兽蚂蚁金服估值2 000亿美元左右。又如,Facebook首席运营官(COO)桑德伯格(Sheryl Sandberg)具有引人注目的从政经验,英国前副首相尼克·克莱格(Nick Clegg)出任Facebook全球事务负责人,等等。科技巨头的游说支出远远超过传统金融机构。据美国国会发布的数据,2018年游说支出最大的5家公司分别为:谷歌、亚马逊、Facebook、微软和苹果,它们向政策制定者花费的游说费用总计约6 400万美元,比2017年增长了10%。其中,谷歌2 120万美元,亚马逊1 420万美元,Facebook 1 262万美元,微软952万美元,苹果660万美元。政治实力决定政府治理的政权代表,美国智库喊出:忘记华尔街吧!现在硅谷才是华盛顿的政权代表。

但科技巨头政治实力越界也让美国各界忌惮,有政客指出"最大的科技难题是如何应对硅谷掌握太多的经济和政治实力的事实"。美国政客一直在寻找一个"坏人",金融科技巨头已经成为明显的目标,有可能重蹈当年东印度公司之覆辙(《东印度公司规范法案》,*Regulating Act of 1773*)。

2. 政策层面

传统金融治理的政策目标:一是宏观多元目标。例如,小微企业获得资金、普惠金融、金融健康、国内经济增长和国际发展。二是微观多元目标。例如,金融机构偿付能力、金融体系稳健性、消费者保护等。金融科技巨头治理的政策目标超出传统目标,增加了竞争和数据隐私范畴,甚至要在更广泛的经济社会范畴来设定金融科技巨头治理的创新效率、社会均衡的综合目标。金融科技巨头治理的终极政策目标应该是善治(Good Governance)。

政策核心议题就是"谁得到什么?"金融科技巨头治理的政策核心议题是数据使用维度中的"谁得到什么?"欧盟《通用数据保护条例》(*General Data Protention Regulation*,GDPR)即聚焦于此。欧盟率先提出数字所有权二元架构范式,即确立"个人数据"和"非个人数据"。"个人数据"权利归属于该自然人;"个人数据"以外的"非个人数据",企业享有"数据生产者权"。

政策洞察力是聚焦于公共政策的前瞻性和预见性,金融科技巨头的政策洞察力一般聚焦于影响企业生存和发展的商业模式、发展战略、宏观趋势等。2019年1月21日,美国《外交政策》(*Foreign Policy*)杂志评选出过去十年全球十大思想者榜单,马云入选的关键原因是阿里巴巴商业模式创新对全球趋势的引领以及他对全球化、自由贸易未来趋势的洞察力。但"智者千虑,必有一失"。2016年4月,蚂蚁金服公布"国际业务、农村金融、绿色金融"三大发展战略。2016年10月,蚂蚁金服调整其三大战略为"全球化、服务小微企业和信用体系建设"。2018年1月,蚂蚁金服收购美国速汇金(Moneygram)失败。

2018年3月,中国人民银行宣布取消芝麻信用个人征信业务试点。短期内发展战略频繁调整或受阻说明金融科技巨头及其领袖的政策洞察力也有尚待提升的空间。

政策洞察力不只是"我发现了!"这种灵光一闪式的顿悟,更是一种全新的思维方式,必须按照政策科学的研究范式来分析。这样才能在事前或早期发现公共政策阻碍企业发展战略的端倪。上述绿色金融、农村金融是响应国家政策号召,但这两个领域都是历史或现实的金融难题,作为现阶段企业发展战略将事倍功半。针对中国金融科技巨头业务短板,突出国际化战略有合理性、必要性,但一厢情愿就低估了以特朗普为代表的逆全球化各国政客的政策决心。蚂蚁金服个人信用体系建设战略遇阻主要是对中国人民银行政策"灰犀牛"[①]缺乏判断能力。

3. 监管层面

金融科技巨头监管应该是"大监管"。其"大监管"框架可借鉴美国的金融监管框架(见图1-1)及经验,并且其内容超越狭义金融监管的范围,包括各级立法、行政的法律和法令,也包括竞争监管部门、隐私监管部门。金融科技巨头"大监管"重点不是面面俱到,而是具有系统重要性的机构及市场基础设施,如移动支付、金融云平台。

如果监管站在技术和业务层面,单纯考虑金融科技巨头的技术创新和风险管理平衡,这样就站位低了、视野窄了。而如果是站在国家和社会经济发展的高度,金融科技巨头"大监管"就不仅是关于创新与效率的安排,也是关于社会均衡的安排;如果"大监管"导致金融科技巨头制度成本的提高有助于社会均衡,那么为政者也会坚持下去。

综上所述,政治、政策及监管问题就是治理问题,金融科技巨头治理在政治、政策、监管多层面战略协同,将有助于金融科技巨头治理的整体联动和平稳推进。

---

① The Gray Rhino,即大概率会发生且影响巨大的潜在危机。

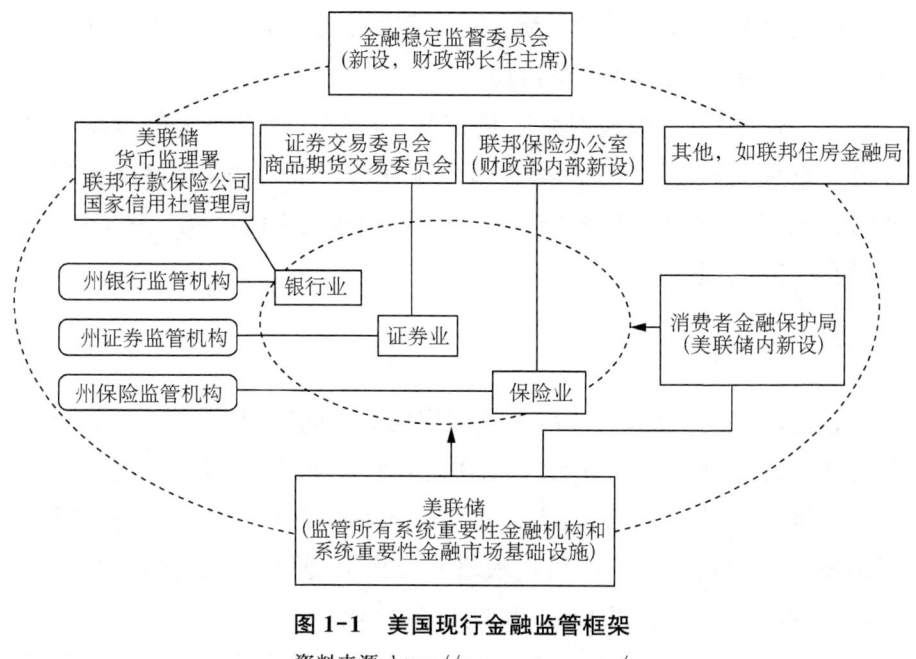

图 1-1　美国现行金融监管框架

资料来源：http://www.ustreas.gov/

三、金融科技巨头治理多主体角色定位

目前金融科技巨头掌握着数字生活，并被盈利驱动，金融科技巨头治理的其他参与主体的共识是不能由巨头们唯一掌控大数据；但传统官僚主义试图发挥主导作用更让参与主体们莫名恐惧。金融科技巨头治理各参与主体怎样摆正位置？现有政治和官僚体制怎样引导被治理对象更好地服从及合作？这是一个根本性的、全新的政治学问题。

1. 政府

其一，金融科技巨头治理政府要在其位谋其政。一是充当好管制人角色。既防止金融科技巨头平台垄断，又避免其过度竞争，平衡各相关主体的利益。二是加强调控人角色。综合考量金融科技巨头治理的效率与安全问题；鼓励金融科技巨头提升行业效率的同时，妥善应对金融科技巨头带来的诸多不确定性,特别是对现有技术、模式冲击所产生的金融安全、政治安全问题。

其二,以监管科技应对金融科技巨头治理。针对巨头的金融科技业务具有系统自主决策、机器学习反馈闭环的特点,政府治理要强化监管科技,深入模型、算法,防止自动化决策系统中的歧视、不公平和其他潜在危害伦理的行为。

2. 金融科技巨头

首先,定位为金融科技巨头治理规则的共同制定者、维护者。响应政府建立的金融科技巨头治理政治吸纳和参与机制,组成相同主张的公共政策联盟(如 Financial Innovation Now,FIN 公共政策联盟呼吁特朗普总统建立美国金融科技战略),提供治理可行性方案,帮助政府推进金融科技巨头治理体系和能力的现代化。

其次,协同政府完善对金融科技领域新型政治、社会、观念空间的治理。金融科技领域有众多新型政治、社会、观念空间"小组织",其自主划定虚拟和现实权力边界,传统政府"属地"治理难以管治。金融科技巨头通过自身虚拟用户社区与这些新型空间互动,能够为政府完善金融科技领域新型空间治理贡献技术支撑及本地知识。

最后,理性看待自身、政府在金融科技巨头治理中的责任和作用。改变"技术能够解决一切难题"的技术狂热病(Technomania);守住企业的本分和底线,避免权力越界。理解政府在金融科技巨头治理中担当的责任、思考的层次及遭遇的挑战与企业根本不同,从公共利益的角度主动配合政府的金融科技巨头治理。

3. 初创企业

初创企业是金融科技巨头治理的参与主体之一,更是弱者之一。保护初创企业利益本来应该是政府治理的优先选项,但经常被"相同功能、相同监管"所牺牲。在"一刀切"政府治理之下,金融科技巨头可以动用更多资源来适应监管,初创企业则往往有心无力,无法适应。例如,在中国的第三方支付市场,支付宝与财付通合计占市场份额的95%以上,强监管将存在多年的"灰色地带"(如备付金等)一一围剿清除,导致其他业务同质化的第三方支付机构竞争力缺乏,无法取得其应有的市场地位,第三方支付市场只剩下寡头、垄断。因此,公平、完善的金融科技巨头治理既要有清除违法违纪"灰色地带"的一手,还要有市场化政策扶持、从源头加强初创企业竞争力的另一手。这样,巨头和初创企业才能各司其职、各得其所。

4. 传统金融机构

传统金融机构(如银行等)主要关注金融科技巨头(市场新进入者)涉及的资源与利益分配问题;大家争的,无非是在未来的行业格局中,谁的份额大一些,谁的利益多一些。希望金融科技巨头成为传统金融机构的有益补充,而不是取而代之。

一方面,治理不是市场份额的再分配,要鼓励金融科技巨头实施有效率、更便利的普惠金融市场竞争。另一方面,并非创新者利益要优先保护,而传统金融机构利益就可以被忽视或放到次要地位。一旦创新导致了不同市场主体利益再分配,政府治理就要运用卡尔多-希克斯改进①调整利益,让社会、行业保持平稳运行。

5. 各主体角色冲突的协调

目前金融科技巨头治理的角色冲突、利益冲突加剧,如何避免冲突演变为治理真空及暴力?一是各主体摆正位置,明确政府和金融科技巨头关系是治理主线,其他角色之间关系定位则会迎刃而解。二是各主体应该树立多元主义治理理念,加大政府、金融科技巨头与其他主体协商和协调力度。三是重视市场公平竞争,重点治理靠补贴抢流

----

① Kaldor-Hicks efficiency,即一种变革使受益者所得足以补偿受损者的所失。

量的"赢者通吃"。金融科技巨头"赢者通吃"就是抢点击率、抢流量、抢客户、抢份额，占了大头再说。抢流量靠的是直接、交叉补贴等不公平竞争。直接补贴烧风险投资的钱，烧 ABCD 轮（即创业项目不同时间节点）融资的钱，烧 IPO（首次公开募股）的钱；交叉补贴用其他产品收益补贴要抢占市场份额的产品，如一些金融科技巨头动用客户备付金收益去补贴产品削价，让客户向其聚集。直接治理不公平竞争可以参照世界贸易组织（WTO）反补贴（Countervailing）做法；综合治理不公平竞争则要取缔客户备付金等源头问题。

四、金融科技巨头治理多机制政策组合

金融科技巨头治理多机制政策组合包括政策范式、政策工具及政策响应的静态组合和动态调整。其中，政策范式是公认的模式，由政治制度和政策观念决定并主导；政策范式决定了相应的政策工具及政策响应。

传统金融治理中肯定性行动政策范式以非均衡政策工具追求均衡治理目标，凸显了国家干预特性。随着多元主义治理理念流行（尤其市场经济国家），金融科技巨头治理日益成为政府、市场主体协商和协调的行动过程。金融科技巨头治理的政策范式从肯定性行动向多样性管理转型。

金融科技巨头治理的政策工具包括金融监管部门、竞争管理部门和数据隐私管理部门的狭义政策工具以及超越上述三个部门的立法、行政广义政策工具。其中，狭义政策工具包括金融监管部门出台的如印度统一支付界面（UPI）、中国香港等向科技巨头发放的虚拟银行牌照、中国对科技巨头的第三方支付及货币市场基金的监管措施、中国发放大数据背景下的个人征信牌照（百行征信）、各国对金融科技巨头及银行同样的"了解你的客户"（KYC）监管等；竞争管理部门出台的如欧盟开放银行政策、德国禁止 Facebook 系统性整合不同来源的用户数据、印度禁止外国电子商务平台销售附属公司产品、欧盟和美国对几

家科技巨头潜在反竞争行为进行调查等措施；数据隐私管理部门出台的如欧盟和中国等要求科技巨头向客户通知其个人数据用途、欧盟的《通用数据保护条例》(GDPR)等。广义政策工具包括法国拟议中的数字税(将征税基础从企业行为创造利润所在地转变为用户所在地)、美国外国投资委员会(CFIUS)的国家安全威胁审核、各国地方政府对金融科技巨头的补贴及税收优惠(如亚马逊纽约第二总部选址)、中国和印度金融科技数据的本地化规定等。

上述广义和狭义政策工具都属于肯定性行动政策范式框架下的非均衡政策工具，希望通过国家干预达到金融科技巨头治理目标，但这些政策工具及其组合到最终结果的映射复杂，实现最终目标的有效性并非十全十美。于是，金融科技巨头治理向多样性管理政策范式转型，动态调整政策响应机制，尝试出台一些金融科技的市场化试错机制，如英国金融科技监管沙箱(Regulatory Sandbox)、美国金融科技创新的无异议函(No Action Letter)等政策工具。

多机制政策组合动态调整还体现在各种政策的平衡及协调上。一方面，对金融科技巨头治理的创新效率与安全问题采取政策平衡术，找到政策工具的合适平衡点。另一方面，由于各国、各主管部门的任务和做法可能并不总是相互兼容，因此，多机制政策组合还包括各政府部门的协调及国际协调。

五、金融科技巨头治理多样本差异比较

各国金融科技巨头治理差异一方面体现各自特色，可以相互借鉴、共同提高；另一方面，差异往往就是差距，这就是金融科技巨头治理的完善空间和路径。

1. 中外隐私保护及反竞争行为认定差异

中国隐私保护及反垄断意识相对淡漠，却拥抱数字技术更彻底。

于是,中国金融科技巨头产生了独特的产融结合模式,即信息流、商品流及资金流数据结合,具有解决信息不对称的核心竞争优势。

西方国家隐私管理部门不认同科技巨头的社交、搜索、电商、物流等用户数据和支付等金融数据的结合(如欧盟《通用数据保护条例》强调隐私保护及杜绝数据滥用)。苹果和谷歌做出了产品调整,限制自身对客户数据的使用;Facebook 发币为赢得各国监管支持,承诺其社交数据、金融数据相互之间不会打通,Calibra 单独运营。

西方国家竞争管理部门认定科技巨头整合各种不同来源的用户数据为反竞争行为,德国联邦卡特尔局(Federal Cartel Office)禁止 Facebook 系统性整合下属 WhatsApp 和 Instagram 的客户数据。

当中国金融科技巨头以本土化为主时,弱化隐私保护、公平竞争等责任会使它们的运营成本更低。随着国际化进程展开,前期没有按照 GDPR 等国际惯例的隐私保护、公平竞争来要求运营很可能面临巨大的合规风险。为施展全球抱负,阿里巴巴和腾讯承诺将满足 GDPR 的要求,但欧盟监管机构尚未确定中国科技巨头是否能够满足 GDPR 的"充分性"要求。

总之,中外金融科技巨头在隐私保护及反竞争行为认定等方面差异明显,但中国金融科技巨头在这些方面接轨国际惯例大有用武之地。

2. 各国政府治理力度差异

市场经济、自由分权特色使得发达经济体政府对市场影响力有限,难以实施强有力的政府治理,治理力度较弱经常是其缺点。许多发展中经济体政府以强有力治理著称,通俗地说,就是集中力量办大事。政府治理力度可以促进治理目标的实现,但政府治理力度不是政府治理好坏的标准。

就金融科技巨头治理而言,强治理下更不适应的可能是中小企业而非巨头。据 Facebook 2020 年第一财季财报电话会议披露,欧盟《通用数据保护条例》(GDPR)的隐私保护(发达经济体少有的强治理)对

Facebook 等科技巨头的广告定向投放造成了影响，但此强治理对中小市场参与者影响更大，因为其需要对用户进行更多的了解、花费更高成本来提升营业额。强化隐私保护尤其将一小部分追踪在线用户的初创企业置于危险之中，并正在提升 Facebook 等巨头在这一规模高达2 000 亿美元的全球数字广告行业中的影响力。

由上可知，制度相对健全的发达经济体靠加强治理力度也可能好心办坏事，制度亟待完善的发展中经济体政府治理尤其不能一味强调力度。

3. 中美科技巨头申请银行等金融牌照的差异

2016 年 12 月，美国货币监理署（Office of Comptroller of Currency，OCC）针对科技巨头拟设特殊目的全国性银行牌照（Special Purpose National Bank Charter）。此牌照带来了一些好处：一是突破了"格拉斯-斯蒂格尔法案"（Glass-Steagall Act）对商业公司同时成为银行的限制，可以吸收存款。二是有利于科技巨头获取市场资金，尤其是对科技巨头资产支持证券（ABS）发行带来降低成本的积极影响。但此牌照更实际的利益（如节省清算成本及加强竞争力）必须另外通过美联储（The Federal Reserve System，Fed）央行清算系统接入及联邦存款保险公司（Federal Deposit Insurance Corporation，FDIC）存款保险的市场准入才能真正得到。

一方面，传统银行反对科技巨头不用遵守金融监管规则就接入美联储系统及享受 FDIC 保险，要求美联储坚持"相同功能、相同监管"；另一方面，科技巨头不愿承担银行的资本充足率、流动性、运营风险和非歧视借贷等监管。因此，尽管美国科技巨头公共政策倡议同盟（Financial Innovation Now，FIN）表示支持美国货币监理署发放特殊目的全国性银行牌照，但同时声称其成员不会寻求获取该牌照。

然而科技巨头是想获得极具价值的金融数据的。于是，美国科技巨头尽量站在银行等金融机构之外利用科技涉足金融业，如与传统银行合作开展支付业务、金融云等,使得传统金融监管对其没有抓手。

腾讯、阿里巴巴设立了微商银行、网商银行,还获得了中国香港金融管理局(Hong Kong Monetary Authority,HKMA)颁发的银行牌照。同时,中国科技巨头已尽可能多地申请了其他金融牌照,如范围更广的支付、基金、小贷、征信、保险和资产管理等,个别甚至还申请了金融全牌照。但中国科技巨头的金融持牌经营却经常步履维艰:网商银行、微商银行吸收存款受限,腾讯征信、芝麻信用被取消个人征信试点,余额宝被迫大幅缩减规模等。

从中美科技巨头申请银行等金融牌照的实践看,牌照并不能保证其实际利益,其治理同样魔鬼在细节中。

4. 中美金融科技巨头创新模式、变迁方向及治理差异

由于既得利益、技术路径、金融市场等创新环境不同,中美金融科技巨头创新模式差异明显。中国科技企业面临的是普及程度较低的信用卡支付、低效烦琐的传统金融服务水平及初期宽松的金融科技治理,金融科技企业疯狂迭代产品,成为颠覆式创新的核心推动者,形成了专有的第三方支付系统、自营的下属银行及小贷公司等。而美国科技巨头面临普及完善的信用卡支付、高效便捷的传统金融服务水平及初期与传统金融机构相同的监管,逼迫其利用底层、核心技术优势与传统银行合作从事金融业务,采用渐进、叠加(Overlay)式创新(如目前苹果手机的挤牙膏式创新)。美国科技巨头也通过并购保持创新能力,但又常常面临反垄断压力。

金融科技巨头创新模式会发生差异化动态变迁。例如,阿里巴巴、蚂蚁金服由小变大,创新方式也由颠覆式演变到渐进式,一无所有时可以弯道超车创造支付宝、余额宝,变成巨头后,进一步颠覆式创新即显得包袱重重。而美国科技巨头最初在金融科技应用线上化阶段作为不大,在金融、科技深度融合阶段尝试另辟蹊径颠覆式创新。例如,针对跨国支付的低效、管制,Facebook试图利用其全球用户网络推出

区块链跨境支付 Libra;亚马逊、微软等应用云计算拓展金融云业务。

随着金融科技巨头创新模式的动态变迁,中美创新治理也在与时俱进,并各有侧重。中国金融科技巨头的创新治理由促发展为主到规范、发展并重;针对中国金融科技应用表面辉煌、基础和底层技术(如移动终端、芯片和操作系统等)原始创新不足的现状,中国出台发展金融科技基础、底层技术的专门政策,保护知识产权,鼓励引进外国先进技术。而美国的创新治理重点是聚焦于金融科技巨头在国家安全、隐私保护及反垄断等方面的问题,如 Libra 创新由于治理原因闹得满城风雨,而原来置身于金融监管之外的金融云也被美国国会议员以系统重要性原因要求加强监管。

5. 各国数据规制制度及数据主权差异

金融科技依靠数据大规模聚集和跨境流动(如云计算的数据托管和资源租用模式),这带来了数据规制制度及跨境数据保护的法律法规的适用性等问题。各国不同的价值观形成了不同的数据规制制度;甚至相同价值观国家,由于各国在全球范围内数据权力的不均衡,同样会产生不同的数据规制制度。目前全球出现了美国、欧洲和中国三种主要的数据规制制度:美国数据规制制度是科技巨头管理、控制消费者数据;欧盟数据规制制度是优先考虑消费者自身数字权利(欧盟《通用数据保护条例》通过访问权、修改权、删除权、可携带权等具体权利的规定确立了个人数据决定权);中国数据规制制度是政府在获取公民数据上有更多权力。

各种数据规制制度在各国的"一亩三分地"里均行之有效,但不同国家的数据规制制度差异自然导致了数据跨境流动的制度屏障。对于数据流出国而言,确保其规制需求在数据流入国同样能够得到保障,是其国家安全(各国对国家安全的定义进一步扩大,以前是国防、商业秘密数据,现在包含了个人信息数据)的核心诉求;而对于数据流入国而言,数据主权成为其抵制数据流出国规制需求的合法屏障。

目前全球主要有三类数据主权实践：

其一，发展中国家采取或倾向禁止数据向国外传输、要求数据本地化存储、数据传输前必须征得数据所有者同意、数据审查、向数据传输征税等措施抵制他国的数据监控、数据霸权。此类数据主权强调政府介入和国家保护的原则，将数据流出问题提升到国家安全战略高度。一方面，控制本国用户数据，抢占未来数字产品、数字经济、数字地缘政治的先机，维护自身数据权益；另一方面，与建设互联互通的全球金融科技存在一定冲突，数据主权甚至一定程度成为国际博弈的抓手，被滥用为关税之外的一种新贸易壁垒，成为经济全球化面临的一个急切需要解决的深层次问题。

其二，金融科技落后的发达国家（地区）如欧盟，兼顾数据贸易和数据主权保护两方面的需求。数据贸易日益成为新的经济增长点，要求数据跨境自由流动。一味强调数据主权原则虽然可以限制外国企业对本国数据的获取和利用，但也会限制本国金融科技提供商走出去战略的实施。欧盟落实数据主权的重要举措是评估欧盟以外国家的个人数据保护标准，若第三国个人数据保护不具备一定的水平，原则上禁止向这些第三国转移个人数据。2000 年欧盟和美国签订了数据贸易（转移）的《安全港协议》（*Safe Harbor*），但 2015 年欧盟认定该协议已经无法达到欧盟的数据保护标准而予以中断，直至 2016 年 7 月 12 日再又达成《欧美隐私盾协议》（*EU-U.S. Privacy Shield Framework*），它成为治理双方数据跨境流动的新妥协方案。《隐私盾协议》克服了《安全港协议》存在的一些缺陷及弊端，对美国公司施加更多个人数据保护义务。另外，欧盟认识到从根本上解决数据主权要靠自己。欧盟试图建立自身的云服务网络，建立欧洲自己的数据基础设施。

其三，美国正在推行亚太经合组织（APEC）的"跨境隐私保护规则"（Cross Border Privacy Rules, CBPR）体制，吸引数据流入美国本土，促成美国企业掌握全球数据。再通过《澄清域外合法使用数据法》（*The Clarifying Lawful Overseas Use of Data Act*, CLOUD Act），达到美国法律覆盖在全球运营的美国企业的效果。至此,美国的数据主权战略轮廓清晰。

美国基于其信息产业的优势地位以及对数据自由流动的依赖性(据美国国际贸易委员会 2017 年估计,数据流动使得美国的 GDP 增加了 3.4～4.8 个百分点,创造了 240 万个就业),通过签订双边或多边协议,促进数据跨境自由流动,维护业已建立的"数据占有和利用"优势。2019 年,美国向世贸组织提议要求跨境数据自由流动,对电子传输永久免征关税,要求禁止将数据本地化作为在一国开展经营业务的先决条件。美国的提议允许采取一些限制数据流动的政策,只要这些政策是"出于实现合法公共政策目的所必须的"。

各国数据规制制度及数据主权的标准、价值观差异形成一种屏障,对各国之间数据交流、合作形成了很大的挑战。

六、金融科技巨头治理多领域议题讨论

本分析框架将应用于支付、理财和信贷、大数据征信、金融云、反垄断、政策选择及变迁、"新冠后"展望等领域,围绕金融科技巨头治理这一主题,在后续七个章节逐一展开细分治理议题研究。

第二章　科技巨头支付业务治理及完善

不同于整个商业社会缓慢的支付演化史，近十几年各种支付系统加速换代、竞争激烈，可谓"江山代有才人出，各领风骚三五年"。现金支付即时、方便，但不适合快速的远程、大额支付；其鲜明的匿名性优点又常常交织着不法金融交易及财富累积。信用卡支付便利、安全，但消费者负担的中间费用却成了他的不可承受之重。第三方支付线上线下结合为消费者提供了极度便利，却又造成了隐私隐患；第三方支付各种技术路径争奇斗艳，但又很难以一时的市场份额推论英雄。说不清隐私隐患对第三方支付产生了多少影响，但加密货币支付被热议，表明市场对隐私保护有强烈需求。

科技巨头登上如此纷乱、多样的支付竞技场，要发挥其庞大用户体量及网络效应的天然优势，避免"乱烘烘你方唱罢我登场"的闹剧，关键在于要有适应各国支付治理的框架，以新技术为支撑，以市场上各种支付系统作为比较、竞争及合作对象，为消费者提供多重属性的支付服务；有比较才能找出痛点，有竞争才会呼唤创新，有合作才是共赢治理模式。

一、科技巨头支付细分

1. 科技巨头实时支付

批量支付曾经主导支付市场，目前依然是广泛存在的重要支付体系。究其原因,一方面,普遍的重复发生的小额交易,如每月定时缴纳的水电气费,以及政府定期发放的养老金,这些预设日期的支付没有必要在线实时处理;另一方面,技术局限和成本限制了传统支付系统所能交易的支付笔数及支付速度。由此,批量支付系统速度不是最快的,但有时却是刚刚好的(Just in Time),经常能够起到有序竞争、节约社会资源的作用。例如,美国自动清算中心(Automatic Clearing House,ACH)就是一个批量处理、存储和转发的电子支付系统,2009年 ACH 交易金额达 37.2 万亿美元。

但批量支付痛点明显,需要几个小时或几天才能完成支付交易,其支付效率及便利程度很难满足当前用户的需求。因此,实现实时支付至关重要。

近年来大数据、人工智能、移动互联网技术、云计算等突破性创新及普及,加上市场竞争和治理促进,便使得实时支付获得跨越式发展。全球科技巨头 Apple、Google、Facebook 等与各国银行支付系统合作,推出了因地制宜、便利快捷的实时支付系统。中国科技巨头蚂蚁金服、腾讯甚至垄断了小额交易的实时支付;中国的移动实时支付规模稳居世界第一,2018 年的第三方实时支付交易规模达 190 万亿元人民币。印度政府开发的实时支付基础设施 UPI 日益普及,该系统每年处理的科技巨头实时支付交易额超过 1 100 亿美元,基于 UPI 的 Google Pay已成为印度支付市场的黑马。

2. 科技巨头专有、叠加及区块链加密支付

(1) 传统信用卡支付及其痛点

第一次支付技术转变发生在 20 世纪 60 年代,现金支付向便捷的信用卡支付转移。麦肯锡(McKinsey & Company)《2018 全球支付报告》(*Global Payments Report 2018*)指出,近 60 年来 Visa 发行信用卡总计约 32 亿张,接入商户约 4 400 万家,每秒交易量达 65 000 次。2018 年的 Visa 全球支付总额达到了 11.2 万亿美元。2018 年,Visa 和

万事达卡分别占据了全球信用卡消费总量（不包括中国市场）的57％和30％。

信用卡提供商逐步建立了支付价值链：发卡银行、支付网关、支付处理器、信用卡网络和收款银行。这些中间商从每笔交易总额中收取大约2％费用；其中信用卡提供商收取0.15％的手续费，发卡银行收取了其余大部分费用。根据尼尔森（Nielsen）2017年的报告，美国商人每年花费约90亿美元来获得信用卡支付功能。

高昂的中间商费用成了信用卡的痛点。为缓解此痛点，一方面，发卡银行提供补贴鼓励客户使用，同时将补贴成本转嫁给现金和借记卡客户；另一方面，信用卡在很多市场抢先布局，有效衔接消费者、商家、发卡银行和结算者，靠网络效益（Network Effect）形成竞争者难以攻克的护城河。

科技巨头加入支付竞争后，信用卡支付又产生了信息流、商品流及资金流综合能力弱的新痛点。信用卡支付（如Visa）也在努力改变：一是希冀以海量数据挖掘数据模型，分析消费者行为及趋势，完善现有服务。二是将生物识别技术（如指纹、面部、语音等）应用到审批信用卡申请、付款及验证用户身份。三是与金融机构、战略合作伙伴（如Facebook、本田、三星支付）、独立开发者等进行开放式合作。

信用卡的渗透率，美国大概是60％，中国大概是16％，印度仅4％。另外，发展中国家的信用卡接入商户水平也明显低于发达国家。信用卡渗透率问题造成了发展中国家信用卡支付便利性差的独有痛点。

（2）科技巨头专有支付

针对信用卡支付中间商费用昂贵痛点，支付宝和微信支付通过充当托管平台，设计了技术领先、中间商少的专有支付价值链（见图2-1）；用户通常只需支付很少的交易费用，有时甚至不收取任何费用。

支付宝综合了信息流、资金流、商品流，其支付数据在微观上实现了对消费者和商家个性化行为的精准刻画，在宏观上可以了解全市场

图 2-1 科技巨头专有支付价值链（作者编制）

需求的动态变化，并衍生出庞大的增值服务（如信用评分）及商业体系，解决了信用卡只能综合信息流和资金流的痛点。

针对包括中国在内的发展中国家信用卡支付便利性差的痛点，支付宝和微信的支付利用手机普及率高的优势，应用区别于其他支付的扫码技术，完善线上线下支付结合，拓展消费场景，形成闭环式专有支付生态圈；亦即用专有系统进行支付和结算，以便利性、覆盖性抢占了许多现金支付、信用卡支付的市场份额。

虽然科技巨头的专有支付系统与银行提供的现金、信用卡支付有着激烈竞争，但它仍要依赖银行。专有支付系统用户需要银行账户或信用卡、借记卡才能将资金输入和输出网络。然后，科技巨头将收到的资金存入自己的常规银行账户，并在用户要求提现时将其转回用户的银行账户。在进行银行间结算时，专有支付不得不再次使用银行，因为其无法参与常规银行间支付系统通过央行账户进行结算的环节。

（3）科技巨头叠加支付

2013 年硅谷的热门话题是"移动钱包"及苹果、谷歌等科技巨头以数字支付进军金融业。华尔街纷纷猜想将会出现什么样的支付系统重大颠覆，但当时科技巨头支付系统及亚马逊等电商企业面对的是信用卡支付在发达经济体中已经无处不在。那时 Visa 等信用卡公司体量巨大，在科技方面也能跟科技巨头站在同一水平线上（如数据挖掘、生物识别等),同时在支付领域还享有科技巨头等新进入者很难复制的、巨大的规模效益。交易量巨大使得信用卡公司平均可以每笔交易只收取占交易总额 0.15% 的手续费就能盈利颇丰,这样的低收费率降低了科技巨头想要取代信用卡的动力。发达国家科技巨头没有从零开始建立自己的专有支付系统,而是与支付的交易细节划清了界限,不卷入支付这个杂乱的行业,去选择 Visa、万事达(Master Card)及美国运通(American Express)等作为合作伙伴。

例如,iPhone 手机内置的新支付功能通过合作伙伴的现有通道,虽然无法解决信用卡支付中的中间商费用昂贵的痛点,但还是可以为合作伙伴提供移动、收银机、网络等支付便利。Apple Pay 采用安全、快速的近场支付技术(NFC),允许 iPhone 或 Apple Watch 用户设备靠近商户销售柜台的读卡器,进行指纹扫描就可以完成支付。Apple Pay 在支付过程中,手机不保存真实卡号,商家和苹果公司均无法获取用户的银行卡信息,这就避免了用户账户信息泄露的风险。Apple Pay 本质上是电子化的信用卡,其背后真正的权力拥有者是 Visa 和万事达。

根据波士顿零售合作伙伴(Boston Retail Partners)2018 年的数据,Apple Pay 已经取代 PayPal 成为美国接受度最高的移动支付平台,在美国商家中的覆盖面为 36%。美国排名前 100 位的商家有 74 个使用 Apple Pay。Apple Pay 现已覆盖了全美 65% 的零售店。Apple Pay 的美国拒绝者依然存在,如沃尔玛(Walmart)、亚马逊(Amazon)等就没有采用 Apple Pay,它们有自己的支付解决方案。

一句话,发达经济体中的科技巨头如 Apple Pay 等需要通过银行开展业务,依靠现有的信用卡或零售支付体系来处理和结算支付,是叠加(Overlay)类型的科技巨头支付模式。

(4)科技巨头区块链加密支付

科技巨头的专有和叠加支付可以解决(或部分解决)现金支付无法远程与大额、批量支付低效及不便利,信用卡支付中间商费用昂贵等痛点,但由于过度数据收集、依赖定向广告投放等原因也产生了易泄露用户隐私的新痛点。对于新痛点,科技巨头不是简单回到创新前的支付,而是否定之否定,应用新技术为用户隐私保护提供更高标准、更加完善的保障,试图将支付系统的隐私保护提升到一个崭新的高度。

Facebook 的方法是提供以区块链(联盟链)为基础的、点对点和去中心化的新一代支付系统,拟推出 Libra 加密货币,通过隔断交易地址和地址持有人的真实身份关联,达到交易数据、地址、身份等敏感信息匿名的效果,同时又能让记账节点验证交易的合法性。Libra 是现有银行支付基础设施之外的封闭式支付系统,摆脱了繁杂的操作流程,绕过了以银行为主的发卡机构和转账机构,省去了一大笔手续费。Libra 使用分布式账本技术(DLT),不是目前微信支付、支付宝支付等所采用的银行账簿式的电子支付。Libra 金融模式从个人私钥本地生成,具有隐秘性,再导出公钥,到钱包地址,自己开账户,不需要第三方中介。

一句话,除了解决用户隐私隐患,区块链加密支付相较于微信支付、支付宝支付会更加便捷、高效、安全,可能动摇现有第三方支付的模式及地位。当然,区块链加密支付技术也带来许多挑战,可能成为系统性风险、反恐和洗钱风险的来源地。

3. 科技巨头区块链跨境支付

(1)现有 SWIFT 跨境支付及其痛点

目前全球资金转移需要两个基本部分:银行和环球同业银行金融电讯协会(Society for Worldwide Interbank Financial Telecommunications,SWIFT)。其中,SWIFT 提供报文传送平台和通信标准,并在连接、集成、身份识别、数据分析及合规等领域提供产品和服务,支持各国之间的实时支付清算系统,银行和其他金融机构通过 SWIFT 与同业交换电文(Message)来完成跨境支付。SWIFT 为银行支付、结算提供了安全、可靠、标准化、自动化的通信业务,在跨境支付中扮演了关键的隐藏角色。SWIFT 系统以美元交易为中心,已连通全球 200 多个国家或地区的 11 000 多家银行及证券机构、市场基础设施和企业客户。

SWIFT 跨境支付的痛点:第一,SWIFT 跨境支付汇款流程冗长、环节众多,支付效率低下;支付结算信息呈现分段式、碎片式,用户查询支付动态信息体验差(查询周期长、查询成本高),甚至存在一定程度的安全问题。第二,SWIFT 跨境支付中中间商"雁过拔毛",手续费成本高。2018 年麦肯锡报告称,完成一笔银行代理的传统跨境汇款平均成本在 25～35 美元,是各国国内跨银行汇款手续费的 10 倍以上。

在当前科技巨头支付竞争及技术进步背景下,SWIFT 发起 SWIFT GPI 跨境支付系统升级的项目,包括更合理的合作方式(如减少支付环节)、技术创新及统一跨境支付协议标准,能以提升跨境支付的速度、透明度以及端对端的查询服务,改善跨境支付的客户体验。但 SWIFT GPI 并不改变银行的跨境支付收费定价政策,仍由银行自主定价。因此,SWIFT GPI 虽然在一定程度上改善了跨境支付速度及查询服务痛点,但在解决环节众多、收费昂贵等主要痛点方面收效甚微。

尽管跨境支付痛点棘手,但利益回报可观。2014 年波士顿咨询(Boston Consulting Group)表示,全球跨境支付市场规模达到 22 万亿美元。2018 年麦肯锡预计,2020 年跨境支付服务商将分享 2 万亿美元的收入,每年增长 6%。

(2) Libra 及其他区块链跨境支付

Facebook 作为全球最大社交平台,其用户约占世界人口 1/3,针对跨境支付被分割成一个个相对独立的市场、市场与市场之间存在昂贵转账成本和时间延迟的痛点,它决定走一条颠覆式创新道路,建立一个廉价的全球支付网络(即一个货币互联网)。2019 年 6 月,Facebook 推出基于区块链的跨境支付 Libra 项目,拟建立一套不受国家区域局限的数字货币虚拟账户交易体系,试图使世界各地的钱包、商家和服务以令人难以置信的低成本实时转移价值,希望 Libra 成为"下一代 SWIFT"。Libra 实质上是点对点连接了各个国家的金融系统,使资金能够快速、廉价、稳定地在全球的服务提供商、机构和人员之间流动。Facebook 希望 Libra 获得各国政府背书，使全球数十亿没有银行账户及基本金融服务的居民能够从中受益。

其他科技巨头也零零散散地尝试了区块链跨境支付。例如，支付宝的海外市场扩张通常采取与本地支付服务提供商合作的传统战略，但支付宝中国香港和 GCash(Globe Telecom 运营)应用区块链技术提供中国香港与菲律宾之间的汇款服务；值得一提的是，此跨境支付仍依赖于一套对应的银行网络，需要与银行进行合作。又如，SWIFT 与 R3 区块链联盟携手，探索区块链的分布式簿记技术(DLT)可否用于跨境支付的银行账户实时对账。再如，Visa 拟推出基于区块链的跨国支付服务。

4. 科技巨头新型政府主导支付

一个国家需要有一个运转良好的支付清算系统。没有快速、廉价和安全的支付清算，经济社会发展就会陷入停滞。

（1）传统公共（政府主导）支付基础设施及其痛点

一是挪威央行的支付清算系统。《中央银行法》授权挪威央行负责推进高效和安全的支付系统。挪威央行既是支付结算系统运营商，又负责监管银行间支付系统。挪威是数字化早期采用国，其央行主导的银行间支付基础设施曾位居世界一流。

二是中国人民银行主导的银行间支付清算系统（CNAPS）。CNAPS 是逐渐演化而来的。中国经历了早期手工联行系统及电子联行系统 EIS。随着 IT 技术发展，2005 年中国人民银行的 CNAPS 一代系统登上历史舞台，各银行的跨行转账可以使用央行的大小额系统来完成。2013 年 10 月，中国人民银行第二代支付系统正式运行，其中包括 2010 年就推出的网上支付跨行清算系统（俗称超级网银）。第一代、第二代的跨行支付系统是以中央银行为核心、商业银行为主体的支付体系。行内交易由各个银行的行内业务系统自行解决信息流和资金流问题。跨行交易分渠道处理：柜台和网银等渠道，商业银行直连央行的大小额以及超级网银来解决信息流和资金流问题。自动柜员机（ATM）和销售终端（POS）渠道，则是由银联银行卡信息交换系统（CUPS）来对接各大商业银行做支付转接，解决信息流问题；银联完成清分、对账服务后再调用央行大小额系统解决资金流问题。

三是美联储为金融机构提供的央行支付清算系统直接接入。联邦储备通信系统（Federal Reserve Communication System，Fedwire）提供两个电子化支付服务：联储资金转账（Fedwire Funds Service）和联储证券转账（Fedwire Securities Service）。这是一个由美联储运营的实时大额结算系统，美联储成员机构通过这个系统调度自己在美联储的账户，进行大额的支付。

以上传统公共支付基础设施是造福于每个人的集体产品，能够在规范运作基础上实现规模经济、网络效应；在此公共平台上，支付服务提供商能够争夺由高效和安全系统支持的客户。当然传统公共支付基础设施所支持的支付服务存在便利性差、竞争性少的痛点。

（2）市场化的第三方支付发展及其痛点

近年来各国在市场化改革的脉络中，允许移动互联网、大数据、人工智能、云计算等新技术支撑的第三方支付进入支付系统。支付市场日益成为竞争舞台，各种市场化（民营）的第三方支付有了跨越式的发展。第三方支付动摇了原先由银行一统江山的传统支付格局及市场结构，冲击了以中央银行为核心、商业银行为主体的传统公共支付体系。各国传统公共支付基础设施及其完善升级解决方案正在受到侵蚀，其发展出现了某种程度的停滞。

市场化第三方支付和传统银行支付一定程度分离，甚至出现银行、第三方的双支付系统（如中国）。双支付系统使得各国出现支付碎片化、政府主导能力减弱、原有公共支付系统竞争力相对下降等痛点。尤其当科技巨头的第三方支付基础设施对社会运作至关重要时，其风险变得具有系统相关性。

（3）新型政府主导支付基础设施及相应的科技巨头支付

针对传统公共支付系统及市场化第三方支付系统的痛点，一些国家根据本国国情，探索建立新型政府主导支付基础设施，并发展出相应的科技巨头支付。

1）新型政府主导支付基础设施

中国有当今世界最大和最丰富的第三方支付（即非银行网络支付）系统，包括支付宝（10亿实际使用客户）、微信支付等。2018年中国人民银行批准成立新的非银行支付机构网络支付清算平台——网联清算有限公司（NetsUnion Clearing Corporation，NUCC），将第三方支付业务由直连模式迁移至网联平台，通过网联归集数据，"收编"了第三方支付。

2016年，印度国家支付公司（NPCI）推出一个开放的实时跨行转账统一支付接口（Unified Payments Interface，UPI），其功能是让用户通过智能手机上的App完成不同银行账户间的转账。UPI支持科技公司开发应用程序，帮助用户直接管理其在银行账户的转账。UPI把之前转账时所需要填写的烦琐信息直接整合成一个字符串ID，让用户绑定自己的手机号与银行卡，用户之间转账就不再需要向对方要银行账户了，对方直接报自己的ID就能把钱转到他的银行卡内，而不是第三方支付软件中。印度UPI正试图制定新型政府主导支付基础设施的全球标准。目前通过UPI进行的交易每年约占印度GDP的10%，UPI系统拥有超过1亿用户，2019年10月的交易笔数就超过10亿笔。

2）基于新型政府主导支付基础设施的科技巨头支付

UPI在众多移动支付、金融科技应用中日益普及，谷歌推出了基于UPI的支付应用Google Pay。为了触达印度数字用户、增强用户黏性，Google Pay不奉行利润至上，而是消费者支付体验、抢占印度数字经济市场份额优先。目前谷歌是印度使用UPI的一个成功的市场参与者，其UPI交易量位列印度三大移动应用之一。自2017年9月以来，Google Pay的下载量已超过1.8亿次，超过了PayPal及蚂蚁金服的支付宝,成为全球下载量最大的金融科技应用。Google Pay 已经拥有 6 700 万活跃用户,年交易额超过 1 000 亿美元。其电子钱包庞大的用户数以及灵活的返现措施使得印度消费者用它来购买火车票、支付账单,甚至从街头小贩那里购买午餐。

新型政府主导支付基础设施对科技巨头支付发展是双刃剑。在印度数据本地化监管规则发布之前 Google Pay 就已上线 UPI,因此,其支付服务的推出并未受到影响;目前 Google Pay 已经进入本地化合规审核流程,且已与当地银行及印度国家支付公司(NPCI)达成合作,以确保安全通过。但在印度拥有 4 亿用户的 Facebook 旗下 WhatsApp Pay 上线 UPI 艰难,原因在于 WhatsApp 在印度出现了安全性争议,印度储备银行(RBI)颁发了禁止该应用推出支付服务的法令,使得印度的 WhatsApp Pay 一再延期。

二、科技巨头支付的治理

1. 科技巨头实时支付治理

一是扶持实时支付市场新进入者。由于科技巨头实时支付的交易指向超越了支付领域,可以勾勒需求变化、形成用户画像、赋能上下游的生产和服务,各国经济社会受惠于科技巨头实时支付市场的竞争及创新。于是,各国实时支付政府治理扶持的重心逐渐落在市场新进入者身上,无论新进入者是像 Apple、Google 和 Facebook 这样的全球科技巨头,还是其他实时支付市场的新参与者。二是各国央行采取事先新建或事后调整的方法,将科技巨头支付纳入央行的实时支付、结算基础设施平台,消除科技巨头实时支付系统参与者之间的信用风险,实现政府对科技巨头实时支付的掌控力。三是加大科技监管力度,致力于解决科技巨头实时支付系统与监管系统存在的信息不对称、网络信息数据滞后问题,努力使支付监管体系与日益蓬勃发展的科技巨头实时支付应用场景、应用服务相匹配。四是各国实时支付市场准入主要关注机构能否满足特定的财务条件、风控条件等，缺乏关注支付机构的技术创新核心竞争力及数据优势，存在一定的治理误区。

2. 科技巨头专有、叠加及区块链加密支付治理

（1）科技巨头专有支付治理

尽管与传统银行支付体系存在一些联系，但支付宝、微信支付等在一开始就建立了自己专有的支付体系。监管机构在前期并没有就专有支付产品直接定性，也不试图将支付宝、微信支付等强行列入传统的银行支付认知框架中。在支付宝等模式成功之后，再通过政策法规引入合理监管，既承认支付宝、微信支付的既得利益，也进一步加强支付市场的统一完整及公平竞争，这是中国包容型治理的"支付宝模式"。

中国人民银行对科技巨头专有支付引入了两大具体治理措施：一是备付金账户销户和备付金集中存管。2018 年 11 月 30 日，中国人民银行支付结算司发布《关于支付机构撤销人民币客户备付金账户有关工作的通知》，要求所有第三方支付机构于 2019 年 1 月 14 日前撤销人民币客户备付金账户，所有的用户余额（备付金）必须存管在中国人民银行的准备金账户中。据《财新》统计，2018 年支付宝、微信支付两家沉淀的备付金高达万亿元人民币，备付金利差收入百亿元人民币。此治理既限制科技巨头将备付金投资生息资产、提供信贷而成为"影子银行"，又防止科技巨头以备付金盈利为其金融科技其他细分领域"赢家通吃"提供交叉补贴（Cross-subsidization）、挤出竞争对手，"工夫在诗外"地解决了金融科技市场不公平竞争问题。二是完成断直连。2018 年 6 月后，科技巨头必须在国有清算所"网联"（NetsUnion Clearing）上清算支付，不再直接通过银行连接清算；也可以通过中国银联（China Union Pay）进行清算。通过统一公共平台清算付款，替代第三方支付平台与银行之间复杂的双边关系，增强了透明度。

中国针对科技巨头支付推出的中央清算要求如图 2-2 所示。

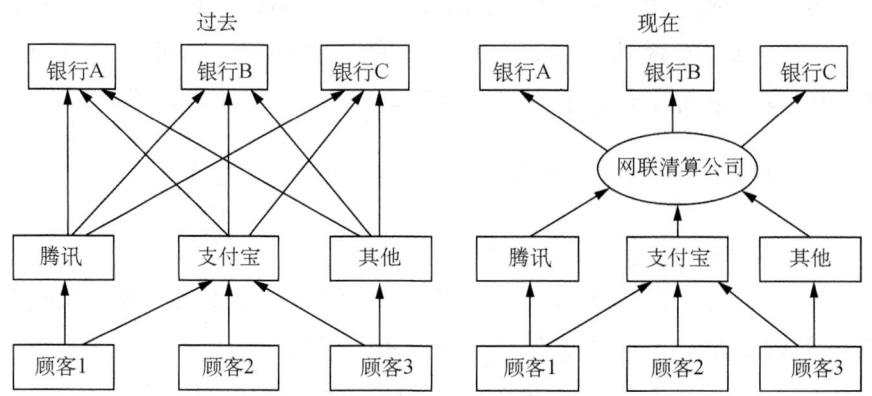

图 2-2　中国针对科技巨头支付推出的中央清算要求(作者编制)

（2）科技巨头叠加支付治理

科技巨头叠加（Overlay）支付治理聚焦保障用户的个人隐私、财产安全,着重对信息数据的使用进行监管。

以苹果公司提供技术支持的手机终端 Apple Pay 为例,与市场其他支付产品相比,Apple Pay 没有支付账号,不掌握实名支付用户的一整套身份及生物识别信息、资产与行为记录等数据,也不存在虚拟中间账户,支付资金完全在银行体系流动。在上述基础上,一是美国治理。关于数据隐私保护、反垄断、了解客户（Know Your Customer, KYC）、反恐、反洗钱（AML/ATF）等成熟的金融法律监管完全适用于 Apple Pay。二是中国治理。任何非金融机构必须获得中国人民银行的批准才能从事或变相从事支付业务。中国银联"云闪付"引入 Apple Pay,一方面使其置于中国移动支付技术标准框架之下,有利于加强风险联合防范与金融体系的信息安全管控;另一方面,Apple Pay 的"NFC＋Token"模式是当今国际主流支付的发展方向之一,有助于中国移动支付标准、体系的国际化。三是欧洲治理。德国反洗钱法加入了一项修正案,该修正案剥夺 Apple Pay 在 iPhone 上使用 NFC 支付技术的排他性。欧盟（EU）威胁要对 Apple Pay 进行调查,因为欧盟认为苹果试图用支付服务来锁定设备用户。

（3）科技巨头区块链加密支付治理

基于区块链（联盟链）加密技术的 Libra 货币不经过任何现有的银行支付系统，也就跳出了传统支付治理系统。美联储现任主席杰罗姆·鲍威尔（Jerome Powell）认为 Libra 可能会造成隐私侵犯、洗钱猖獗、消费者权益受损、金融稳定性降低等问题。众议院金融服务委员会（House Financial Services Committee）主席 Maxine Waters 领导起草了《禁止大型科技公司开展金融业务法案》（*Keep Big Tech out of Finance Act*），拟限制 Facebook 等科技巨头向支付业扩张。

针对各方的疑问、否定，Libra 承诺治理先行：首先，Libra 会遵守各国中央银行、市场监管机构、消费者保护机构的监管，解决洗钱、逃税和其他金融犯罪的执法监管问题，遵守国际清算银行制定的金融市场基础设施原则和国际证券委员会组织的监管规则，同时，愿意与各国隐私和反垄断监管机构进行合作。其次，与比特币的分散式架构不同，Libra 联盟链采用集中式架构，所有交易由中央授权节点发起，生成包含交易时间、地点和方式信息的永久记录，可以支持监管部门对抗洗钱、避税等违规行为。再次，Libra 承诺其子公司 Calibra 会拥有强大的身份验证，并且与所有监管方合作。最后，Facebook 将采用金融数据与社交数据分离的方法应对隐私保护需求。Libra 涉及用户的支付财务数据，Facebook 及其合作伙伴都不能访问 Calibra 钱包上的财务数据。支付交易将在托管钱包之间进行，并在托管钱包内部进行记录。并且，为了落实上述 Libra 承诺的治理内容，Libra 协会副主席但丁·迪帕特（Dante Disparte）披露了相应的 Libra 协会具体治理举措：一是搭建 Libra 协会治理结构，确保其独立性，以建立一个能够支持数十亿处于当今支付网络边缘的人的代际支付系统；二是搭建强健和有弹性的技术层；三是克服监管和政治障碍。

当然，Facebook 的承诺还有待检验，当前区块链加密支付技术并非已拥有一套完善的治理机制，如就缺乏特定的区块链社区参与机制来形成社区重大治理意见等。

3. 科技巨头区块链跨境支付治理

跨境支付不便利不是因为技术选择、技术系统的障碍,主要是因为政策和体制上的障碍。因为有的国家对汇出有障碍,有的国家对汇入有障碍,有的国家对兑换有障碍(周小川,2019)。

Libra 使用区块链技术进行跨境支付,将形成全球银行、SWIFT 体系之外跨境资本流动新的渠道,各国央行担心 Libra 沦为洗钱、毒品走私、人口贩卖、恐怖主义、逃避外汇管制等跨国违法犯罪的方便支付工具,合规和监管问题始终是其绕不过去的坎。面对质疑,Facebook 承诺首先解决 Libra 跨境支付 KYC 合规性问题,保证自己的区块链支付不成为犯罪分子和黑客手中的跨境支付工具。但各国监管机构、多边组织并没有吃下定心丸。国际清算银行(BIS)表示,Libra 如超出传统金融监管,就会对全球银行跨境系统构成挑战。

目前跨境支付垄断者 SWIFT 宣称,它不可能被 Libra 等区块链跨境支付取代,因为 SWIFT 网络可以明确证明跨境支付的清晰流向,这符合监管要求;而区块链跨境支付具有合规性薄弱、安全性不足的天然短板,其跨境流动范围和应用场景将萎缩。并且,升级后的 SWIFT GPI 在提高跨境支付效率、改善客户体验的同时,并不削弱监管对流动性风险、支付安全、反洗钱和反恐怖合规性等跨境支付的要求。因此,SWIFT 自认为 SWIFT GPI 是新一代跨境支付更现实的选择。

Libra 跨境支付还有衍生治理困境,如 Libra 跨境支付引发的各国铸币税减少、干扰各国货币政策、货币主权等问题;事实上,各国监管层对 Libra 跨境支付的质疑、否定态度主要源于对货币主权的担忧。如果货币主权等更深层次、源头的问题治理不力,只是将其风险透过于或集中到 Libra 跨境支付环节,单纯地就事论事会让科技巨头区块链跨境支付治理顾此失彼。

4. 科技巨头新型政府主导支付治理

一个政府主导的支付系统有多重要？政府如何承担支付业控制和安全方面的责任及使命？从印度和中国各有千秋的治理中可以获得一些答案。

印度政府主导的是科技巨头支付"先搭台、后发展"的模式。先前印度移动支付也有几家，其中 Paytm 一枝独秀。2016 年，印度政府施行无现金支付政策及推出政府主导支付清算基础设施平台（UPI），印度支付业出现了几个巨头势均力敌的全面发展格局。UPI 的治理意图是让第三方支付做好资金流通中的"通道"角色，而非资金的"蓄水池"角色。UPI 治理还有一层目的，就是提升印度人的银行账户比例。此外，印度政府主导支付还体现在数据本地化及拟对各家 UPI 交易量占比设置 33％的上限，防止因集中化出现垄断。

印度政府主导支付基础设施的作用很明显：同样是全球巨头，Facebook 下属的 WhatsApp 因为没有及时满足数据本地化治理要求，在印度的发展步履维艰；而 Google Pay 融入 UPI 治理体系及满足数据本地化要求，后来居上，成为印度第三方支付行业的黑马。

中国先有支付宝、微信支付成功，后引入政府清算基础设施平台，政府主导支付走的是"先发展、后规范"的模式。政府一方面承认第三方支付以及现存双支付体系的既成事实，另一方面主导网联实施类似印度 UPI 的治理意图，即让第三方支付回归支付本位。

三、科技巨头支付治理的问题

在当今世界，科技巨头支付有中国的"先发展、后规范"的支付宝包容型治理、印度的"先搭台、后发展"的政府主导型治理、美国的"将成熟法律监管适用于科技巨头支付、欧盟的支付监管框架"（Payment Services Directive，2015）等成功模式。当然，各种属性的科技巨头支付治理模式也存有亟待完善之处,如前所述及的实时支付治理的市场准入误区、区块链加密支付治理缺乏社区参与重大决策的机制等。存在就是合理,不能武断地判定各种治理模式的优劣,应该保持选择、创新的多样性。各种科技巨头支付治理的个性问题毋庸赘述,现只着重探讨科技巨头支付治理的共性问题。

1. 治理的格局问题

"天下大势,分久必合,合久必分。"科技巨头的支付治理格局同样如此。最早银行支付的"大一统"治理格局,一度变成银行和科技巨头第三方双支付并存治理体系,银行和科技巨头第三方支付系统各自封闭,整个格局呈现杂乱无章的情况。印度 UPI 与中国网联成立之后,各国支付体系治理格局又趋向协调性、整体性。

各科技巨头支付治理格局之间交织着利益和竞争。例如,在民营第三方主导的扫码模式与金融机构、手机厂商主导的"NFC+Token"模式之争背后,彰显的是不同支付主体、模式参与利益分配的格局。又如,拟推出的天秤币 Libra 可能在跨境支付领域与 SWIFT、Paypal 的竞争,在本地支付领域与支付宝、微信支付、Google Pay 的争夺,其背后彰显的都是科技巨头支付在不同领域进行的市场份额跨界、跨国争夺。

2. 治理的合理性问题

各国的金融监管、竞争监管及隐私监管部门基于自己的职责而出台的各类支付监管政策,对各科技巨头支付的发展产生非常大的影响。一些治理措施从单个监管部门的角度可能是合理的,但整体看不一定合理。例如,Facebook 拟推出 Libra 引领新一轮数字支付创新,而第三方支付先行者中国支付巨头在此创新浪潮面前却显得被动、保守。马化腾就此评论,技术都很成熟,并不难,就看监管是否允许而已。监管不允许就不能创新,说明一些治理措施的合理性存在疑问。又如,科技巨头作为支付行业的新进入者,一些传统支付行业的利益一定会被冲击,政府治理在维护传统支付行业权益时,首先要分清哪些既得利益是合理的,哪些既得利益是不合理的。

3. 治理的制度惯性问题

传统支付治理不能离开集中式账户安排,需建立在中心化系统之上,这和区块链支付技术的去中心化特性相冲突。许多监管机构一如既往地采用中心化的治理措施来因应去中心化的数字支付发展,用循规蹈矩的传统治理框架来抑制科技巨头在支付领域的颠覆式创新。这不见得是治理者的主观意愿,更多的可能是"制度惯性"使然。例如,Libra 刚刚发布就遭遇全球大多数监管机构的质疑、否定,美其名曰控制去中心化风险,就是不考虑不创新的风险。Libra 去中心化支付模式一旦顺利运行,就将凸显各国监管部门中心化治理模式的各种制度惯性问题。

4. 治理话语权的问题

面对换代加速、属性各异、支离破碎的支付体系,各国希望建立一套全球大体一致的数字支付治理规则,类似于"道路交通法规"。但西方话语权往往导致支付治理规则要由欧美主导。

长期以来,传统支付国际标准都是由欧美国家及组织制定。进入数字支付时代后,没有本土科技巨头支付机构的欧洲,却有影响最大、种类众多的支付治理规则。在欧盟《通用数据保护条例》(GDPR)统领下,欧盟建立了新的《支付监管框架》(*Payment Services Directive*,PSD2,2015),致力于消除信用机构和银行对于客户账户信息和支付服务的垄断。甚至针对中国领先的二维码支付,欧美主导的国际芯片卡及支付技术标准组织(EMVCo)也在 2017 年制定了一套标准并在全球推广,但中、西两种标准的技术兼容难度较高,这使得中国二维码支付在国际竞争中处于劣势。一句话,西方的科技巨头支付治理标准主导了世界。

制定支付治理规则不是每个国家都能胜任的,规则制定者自身要拥有一定的技术实力和消费市场规模。西方国家有足够的底气来争夺数字支付行业话语权。当然,此话语权往往成为保护主义的非关税壁垒问题,成了科技巨头支付必须面对的现实挑战。

四、科技巨头支付治理的完善

1. 科技巨头支付治理格局完善

一方面,要着重提升、更新各国正在受到侵蚀的公共支付基础设施。完善印度 UPI、中国网联等公共平台,协调与平衡科技巨头支付机构之间、科技巨头支付与银行支付之间、科技巨头支付机构与政府之间的关系,制止国家内部和各国之间支付系统碎片化倾向。

另一方面,针对所谓"杂乱"治理格局,也不能为反对而反对。统一、高效的支付治理格局必须建立在消费者支付便利及保留支付创新空间的基础上。一段时间、一定程度的有活力的"杂乱"支付治理格局有其存在道理:既反映了一些科技巨头支付有自治的活力,也有可能是否定之否定地由"杂乱"到更高层次治理的新开端。

2. 科技巨头支付治理的合理性完善

建立跨部门的对话机制来协调政策,持续性地听取多元意见,定期评估一些既有治理措施的合理性,才能保证科技巨头支付治理的公平、公正与科学。

针对一些监管部门过早介入抑制创新、以既有治理措施否定合理创新的突出问题,科技巨头支付治理应该响应中国政府提出的"采取审慎包容的原则治理数字经济"的倡议。数字支付领域的已知远远小于未知,需要各国政府用包容的治理理念允许新技术、新产品、新业态、新模式的发展,不能以阻止支付体系创新的方式来规避可能的风险。

3. 科技巨头支付治理制度惯性的破解

区块链支付技术的去中心化特性与传统监管机构中心化治理体制必将产生尖锐的矛盾。

目前,区块链支付技术已经获得了一定广度和深度的市场认可。因此,一种对支付治理制度惯性的破解方法就是监管机构要顺应去中心化技术变革,对传统的中心化治理角色重新定位。一方面,深化监管机构自身改革,减少不必要的自上而下的微观管理,以去中心化的支付治理代替传统中心化支付治理思路;另一方面,在支付治理领域充分发挥市场参与者的主体作用,激发市场参与者自治与公共参与的积极性。

另一种对支付治理制度惯性的破解方法是通过调整去中心化这个限制条件,让中心化监管机构能够在数字支付治理领域有用武之地。比如在联盟链这样的多中心系统中,通过关闭系统来升级区块链底层,或紧急干预、回滚数据等,这些可用的手段有助于监管机构控制风险、纠正错误。这类似于 Libra 采用的"联盟链+中央集权"架构,由中央授权节点发起,生成包含支付时间、地点和方式信息的永久记录,支持中心化监管部门治理洗钱、避税等违规行为。

当然,有区块链人士认为,Facebook 推出的 Libra(联盟链)将区块链支付的特性给扼杀了;认为 Libra 更像一台性能良好的监控器,操纵着人们的一举一动。一个不具备去中心化、不带挖矿奖励属性的区块链就不能叫区块链,只是一个数据库。

4. 科技巨头支付治理话语权的完善

中国移动支付规模稳居世界第一,移动支付的安全性、可靠性同样是处于国际领先地位。支付宝、微信支付等成功经验,成就了中国支付治理的理论与模式。随着印度政府开发的即时支付统一支付接口(UPI)日益普及,多家全球科技巨头已在此系统上开发支付产品;印度移动即时支付规模及普及率均已跻身世界第二,其潜在的市场前景值得期待。一句话,中国、印度等科技巨头支付市场的规模和安全性已经或正在通过市场的检验。

传统支付体系长期是由西方国家及组织控制的。如今,欧美国家及组织又在科技巨头支付治理标准方面咄咄逼人。一旦欧美标准再次成为科技巨头支付的单一全球标准,就可能形成巨大的壁垒,制约新兴国家科技巨头支付在国际上的发展。

因此,中国、印度等政府及组织应该聚焦国际支付行业标准制定,增强自身支付治理标准的话语权,鼓励企业参与科技巨头支付的全球治理标准制定,勇于与西方支付标准竞争、亮剑,争夺未来科技巨头支付发展的制高点。

第三章　科技巨头理财、信贷业务治理及完善

一、科技巨头理财、信贷业务

1. 科技巨头理财业务

（1）科技巨头自营货币市场基金

现实中用户通常会在科技巨头支付账户中留有余额。为了将这些闲置资金运作起来，科技巨头一般会提供由旗下公司或第三方管理的货币市场基金作为短期投资途径。在中国，代表性的科技巨头自营货币市场基金是天弘余额宝。中国的管制利率和协议存款利率两者之间存在无风险套利空间，加上投资企业债券、牺牲流动性获得的期限错配的风险溢价，余额宝收益率一度明显超出市场利率水平。根据天弘余额宝 2019 年年报，2019 年年末天弘余额宝规模为 1.09 万亿元人民币，持有人户数合计 6.42 亿户。2018 年 6 月，余额宝规模最高峰值接近 2 万亿元人民币。

为规范、健康发展，余额宝主动控制基金规模，一度限额、限购。2017 年 5 月 27 日，余额宝转入金额最高限额从 100 万元下调至 25 万元；2017 年 8 月 14 日，个人持有余额宝最高额度调整为 10 万元；2017 年 12 月 8 日，余额宝单日申购额度调整为 2 万元；2018 年 2 月 1 日至 3 月 15 日，余额宝设置每日申购总量。另外，2018 年 5 月，余额宝开启分流模式，结束了自营天弘基金一家独大局面，相继引入了博时、中欧、

国泰、华安和景顺基金管理公司的货币市场基金。2019年4月9日，余额宝终于放开限额、限购。但随着余额宝收益率持续下降，对投资者的吸引力不如以往，短短几年发展经历了从辉煌到平淡。

1）科技巨头货币市场基金"互联网＋"特色

一是科技巨头货币市场基金运用人工智能、大数据分析、云计算等技术，降低了获客成本及投资门槛。在手机上便捷操作、申购门槛低至1元、零手续费、随时可消费和赎回等，有效触及了小额、分散的"长尾"（The Long Tail）用户，有助于普惠金融大规模落地，彻底解决了传统货币市场基金存在的申赎烦琐、投资门槛高、机构投资者占比高的痛点。

二是科技巨头货币市场基金既培育了互联网支付用户的理财观念，又超越传统货币市场基金单一理财思维，同时实现了理财、消费功能。例如，许多用户购买余额宝并不只是当作理财工具，甚至一定程度上淡化理财收益率，其支付、消费属性较强，理财属性较弱。余额宝内的资金作为网购消费的预备资金，期望获得更加便捷的购物体验，成为一种碎片化功能的钱包，直达各种生活、服务、消费、商务场景。这样有助于解决传统货币市场基金利率波动敏感、稳定性不佳的痛点。

三是科技巨头货币市场基金推出"T＋0"业务。从单一理财走向消费类基金服务，必须建立在即时性的申购与赎回基础上。余额宝推出快速到账的"T＋0"服务，带动越来越多的货币市场基金使用"T＋0"赎回。但一些货币市场基金"T＋0"建立在基金公司"垫资"基础之上，"T＋0"高频流动性可能导致支付链条中断。过犹不及，科技巨头货币市场基金收紧"T＋0"赎回限额为每日单户1万元。一句话来说，即实行便捷与安全兼顾、额度限制的"T＋0"业务，解决了传统货币市场基金赎回、消费不便的痛点。

2）科技巨头货币市场基金的中国特色

1999年，PayPal成立货币市场基金。21世纪初，美国利率持续走低，收益率下降导致PayPal货币市场基金对客户吸引力减小。PayPal

货币市场基金通过降低管理费率和增加资产风险来维持对投资者的吸引力。然而,长期补贴带来了巨大的资金压力。2011 年,PayPal 货币市场基金清盘。

目前余额宝面临着与 21 世纪初 PayPal 货币市场基金类似的收益率下行的市场环境。而监管又禁止靠期限、风险错配提高收益率。同时,余额宝并未像 PayPal 一样采取降低管理费率方式来持续吸引净现金流,但它目前自营及分流第三方的货币市场基金净资产规模并未显著下降。原因如下:一是中美国情有所不同,中国人口红利是金融科技发展的根基;二是落后的传统金融使得中国存在更多游离于金融体系服务范围之外的小额资金,这些长尾客户凝聚起来具有强大生命力;三是中国网购市场渗透率超过美国,阿里巴巴、蚂蚁金服强大的客户基础及线下扩张加强了余额宝客户的基础及用户黏性,带来了更多现金流;四是余额宝创新融入中国传统,根深蒂固地注入老百姓的生活及配套的金融体系中,如余额宝的消费红包契合中国传统文化。一句话来说,即余额宝未必会如 PayPal 货币市场基金一样是昙花一现。

当然,天弘余额宝货币市场基金的辉煌或平淡还没有过经济周期的考验,尚不宜过度强调其中国特色。

3）科技巨头货币市场基金流动性风险

科技巨头货币市场基金大约一半的资产是银行存款和期限不到 30 天的银行间贷款,说明科技巨头货币市场基金与银行之间存在系统性重要联系。科技巨头货币市场基金大额赎回冲击波可以通过存款取出传导给银行系统,规模越大越明显,有"影子银行"的能力。2018 年,惠誉（Fitch Rating）指出,中国货币市场基金行业的资产集中度将加剧风险,大型基金进行大额或突然的资产再分配,可能会影响市场的流动性或定价机制（即流动性风险）。

（2）科技巨头的基金销售

1）发展概况及模式进化

一是科技巨头基金销售额超越原来的市场领先者。银行渠道在中国公募基金销量中一直占据绝对比重,独立第三方互联网天天基金近几年成为黑马。目前这一格局已发生变化:相比银行,科技巨头基金销售具有流量、技术、价格、体验及客户群体变迁(基金客户构成从习惯于银行销售的 60 后转向习惯于互联网销售的 80 后、90 后)的优势;相比天天基金,科技巨头基金销售具有平台优势。据东方财富 2019 年年报披露,天天基金 2019 年全年实现基金销售额 6 589.10 亿元,收入 12.36 亿元。中国工商银行 2019 年销售基金 5 892 亿元,较 2018 年降幅达 23.29%。蚂蚁金服基金销量没有公开数据披露,但它的营收可以揭示其基金销售额,其股东之一恒生电子 2019 年年报间接披露了其基金销售营收情况(见表 3-1)。蚂蚁基金销售营收稳步增长,2016 年至 2019 年的营收分别为 2.70 亿元、7.46 亿元、14.04 亿元、18.81 亿元人民币。一句话来说,尽管蚂蚁金服基金销售规模无法与余额宝等"国民级"应用攀比,但销售营收还是大幅超越其主要竞争对手天天基金及中国工商银行,其市场话语权越来越大。

表 3-1　蚂蚁基金历年营收情况　　单位:万元人民币

时间	总资产	净资产	营业收入	净利润	利润同比增幅
2019 年	441 230.81	39 692.93	188 112.55	3 849.00	72.96%
2018 年	263 273.89	33 823.13	140 401.37	2 225.33	300.70%
2017 年	281 852.87	30 726.48	74 566.68	555.36	−59.94%
2016 年	84 418.34	30 134.50	27 005.85	1 386.16	−65.19%
2015 年 (数米基金)	—	—	16 949.10	3 982.29	—

资料来源:恒生电子 2019 年年报。

二是科技巨头基金销售模式不断进化。2013 年,一些基金公司尝试在淘宝网开设基金直销店,投入了大量人力物力,但 38 家基金公司两年仅累计交易用户 180 万户。这一数据与同期余额宝 2.6 亿的用户规模相比不到 1%。淘宝基金直销店受挫并关闭原因如下:当时投资市场环境不佳;重点销售的权益基金、债券基金不是当时互联网消费者热衷的产品;高风险基金难以让投资者在简单浏览后就仓促交易。

承载着基金销售再次起飞的梦想,蚂蚁金服探索基金代销的各种模式。2015年8月,"蚂蚁聚宝"上线;2017年6月,其升级为"财富号"。"财富号"相当于蚂蚁金服为基金公司开通了一个交易平台,提供数据、营销、流量、技术等方面支持,开放6亿多用户。从"理解用户""优化投资策略"和"用户与金融产品匹配"三个层面助力基金公司,帮助其建立直连用户的自运营平台。

2) 技术提升基金销售效率及用户体验

针对基金公司,科技巨头将AI技术运用到基金销售投前、投中、投后的智能化全场景中。例如,蚂蚁"财富号"将用户进行细分标签归类,让基金公司看到某一类特征的用户,但又无法具体看到客户是谁、持仓情况如何,有条件触及用户、开放数据。又如,利用智能营销技术解决获取新客户的问题,利用陪伴运营技术解决维系存量客户的问题等。"财富号"的智能效率被形象地称为"521模式"(即5秒钟可获得每日运营自动化策略和方案,2秒钟识别关键问题,1秒钟即可获得优化建议)。一句话,科技巨头的AI技术使得基金公司触达用户精准度提升,运营更加智能化。

针对基金投资人,科技巨头基金销售技术支撑提供一致性、标准化的理财服务体验。例如,蚂蚁"财富号"从投前的用户大数据识别、场景化引导和策略方案展示,到投中一键下单,再到投后提升理财服务效率,是以更低费率覆盖更广人群。

(3) 科技巨头的智能投顾

随着基金资产管理业务放开及投资产品复杂化,需要理财中介从基金管理人的代理人(卖方代理)向基金投资人的投资顾问(买方代理)进行战略转型。2019年6月,蚂蚁金服与美国Vanguard合资成立先锋领航投顾(上海)投资咨询有限公司;2020年4月,双方合作的基金投资顾问服务"帮你投"上线。先锋领航投顾站在买方客户角度的智能投顾将 Vanguard 投资理念和策略与蚂蚁金服数字化平台、AI 技术结合，在丰富的产品线基础上，根据客户投资目标、期限及风险偏好精准匹配量身定制的理财规划和全生命周期的资产配置服务。蚂蚁集团数字金融总裁黄浩披露，"帮你投"上线 100 天，用户数就超 20 万。

1）智能投顾技术主要提升投中、投后效率

投中技术主要集中在对交易成本、时间成本进行精准控制，依托互联网技术架构及对基金产品的理解，研发、建设买方投顾系统，重构业务方案和清算流程，实现系统智能规划调仓路径和判断选择最优方式，让用户通过中转机制，减少资金进出银行卡的支付成本。同时，基于大数据识别客户风险偏好，为客户量身定制投资组合，并围绕组合提供"资产体检"、精准资讯推送、投资建议等整体化服务，帮助用户解决投资中的各种"选择困难症"。当市场行情出现变动时，用户通过资产体检等服务，了解自己持有资产与"高手"用户之间的差距，并据此及时进行调整。

投后技术聚焦在客户服务和投资管理两方面。客户服务由智能化客服完成日常问题、疑难杂症解答，同时针对交易量较大的组合，设置机器人问答。而投资管理则是对后续调仓的动态跟踪和提示，客户可以一键跟踪调整。

2）科技巨头现有智能投顾的问题

目前科技巨头智能投顾处于发展的初级阶段，已经应用的技术虽然解决了部分痛点，但留下了难啃的硬骨头。

已经应用的科技巨头智能投顾技术纵然可以提升基金销量，但有一个问题始终存在：基金公司很赚钱，但为什么很多客户不赚钱？根本原因在于目前科技巨头智能投顾支撑平台上的基金公司、基金产品只是用户的其中一个选项，用户没有把所有资金、所有投资和消费都通过此平台来做，导致科技巨头智能投顾无法系统解决理财中用户个性化的全生命周期理财和资产配置诉求（即将短期交易性资金转化为长期配置性力量）。当然，科技巨头也明白自己目前的智能投顾技术存在深层次的问题,正在积累行业和行为数据,期待未来应用更加全面、更高智能的投顾技术。

2. 科技巨头信贷业务

2008 年,中国银监会和中国人民银行启动小贷公司试点,后来在此基础上又实际开展了网络小贷公司业务。小贷公司由省级政府及授权部门履行监管、审批职责。中国银保监会披露,到 2018 年年末全国共有小贷公司 9 972 家,实收资本接近 1 万亿元人民币。另据《中国证券报》披露,截至 2017 年 11 月 21 日,中国共有网络小贷牌照 157 张;蚂蚁金服、京东、百度等科技巨头均持有网络小贷牌照。2014 年,中国银监会批准设立微众银行、网商银行。科技巨头信贷业务分为资金来源、资金运用,花开两朵,各表一枝。

（1）资金来源

科技巨头信贷业务存在缺乏资金来源的先天不足。例如,网商银行吸收存款规模尽管从 2018 年年末的 429.79 亿元升至 2019 年年末的 788.58 亿元(据网商银行 2019 年年报披露),但这远远无法匹配其贷款规模。为克服这种劣势,科技巨头尝试了智能存款、ABS、联合贷款等。这些选项让科技巨头获得了较为低廉、充足的资金,但这些选项目前存在不确定性。

1）ABS

资产支持证券(Asset-Backed Security,ABS)通过出售资产获得资金回笼,不属于债权性质融资;发行 ABS 理论上可以"放贷→转让资产→募资→继续放贷"无限循环。通过 ABS 腾挪资金来源空间一度成为科技巨头常见战略。蚂蚁金服旗下重庆市蚂蚁小微小额贷款有限公司(花呗)、重庆市蚂蚁商诚小额贷款有限公司(借呗)资本金合计为 38 亿元,按照重庆杠杆率不得超过 2.3 倍的规定,银行可以给予 60 亿元人民币左右贷款,最多形成 100 亿元人民币左右资金规模。但原来发行 ABS 没有规定每年循环次数,2017 年,蚂蚁金服旗下小贷公司发行了 3 100 多亿元人民币 ABS,放大了 80 倍,占中国证券化总量的近 1/3。据《网贷之家》研究披露,2017 年当期 ABS 融资成本 6%左右,小额贷款利率 15%左右;2017 年借呗和花呗营收 180 亿元人民币,净利润之和 95 亿元人民币。

科技巨头小贷公司 ABS 异常突出引发监管干预,其 ABS 业务遭遇天花板,发行规模急转直下。

2) 联合贷款

ABS 发行骤减背景下,科技巨头探索出"联合贷款"模式,即通过按比例联合出资、各自多重风控、风险各担原则,向个人消费者和小微企业提供信贷服务。东方不亮西方亮。联合贷模式迅速成长,突破了 ABS 降杠杆带来的科技巨头信贷业务资金来源困境。据《网贷之家》披露,截至 2019 年 9 月,联合贷市场规模达 2 万亿元人民币,其中蚂蚁金服超过 1 万亿元人民币。

联合贷款使得科技巨头在掌握客户资源、风险控制前提下低成本扩张。同时,联合贷款对资金渠道多、资金成本低的商业银行也是有利可图的,可以解决商业银行长尾用户少、数字风控能力相对较弱的痛点。值得一提的是,目前获客压力急剧上升的中小银行急需开辟自己的生存空间,和科技巨头联手开展联合贷是中小银行的现实选择。

但一些中小银行在联合贷款中仅仅是提供资金,既不直接触及客户,也无法监督资金流向;其"独立风控"没有落到实处,一无系统,二无模型,三无策略;完全依赖科技巨头的风控体系,等同于"风控外包"。

3) 智能存款

2018 年 8 月,微众银行推出"智能存款+",其利率明显高于其他定期存款,并且可以按稍低利率提前取款。从产品结构上看,"智能存款+"产品之所以能够实现高流动性和高收益并存,核心在于通过转让机制实现了定期产品的活期化运作,而在运用端配置高收益资产覆盖资金成本。微众银行"智能存款+"产品 1 个月到 3 个月的利率是 4%,1 年到 5 年的利率是 4.5%,相当于 1 个月以上的存款利率超过了很多银行 3 年期大额存单的利率。微众银行公布 2018 年度业绩报告，实现各项存款余额 1 545 亿元人民币，比年初飙涨 2 795％，其中"智能存款＋"产品做出了重要贡献。但"智能存款＋"被舆论指责提高了银行的吸储成本，与监管"降低实体经济融资成本"目标相悖。

（2）资金运用

科技巨头资金运用的共同点是用户基数庞大、小客户大价值。科技巨头的资金运用由于用户性质不同而各具特色。例如，蚂蚁金服旗下网商银行以阿里电商生态为基础，向 B 端小微企业提供融资服务；而微众银行则依托微信 C 端社交资源，用微粒贷抢占个人消费信贷。花呗、借呗则靠支付宝成为个人消费信贷领域的国民级应用，这显示蚂蚁金服在科技巨头资金运用各细分领域都具有竞争优势。

1）小微企业贷款

网商银行利用大数据和人工智能，解决了无抵押、无信用记录、无财务报表的阿里平台小微电商的融资难题，开创 310 模式（3 分钟在线贷款申请、1 秒钟到账、0 人工干预）。据网商银行 2019 年年报披露，2019 年网商银行服务小微企业和个人经营者数量达到 2 087 万，较 2018 年同比增长 70％，成为全球服务小微企业最多的银行。

过去网商银行主要面向阿里生态圈，服务天猫、淘宝、菜鸟平台的小微电商（对于天猫店主的服务覆盖率达 70％）。现在网商银行小微企业贷款寻求突破阿里生态圈：一是为大型电商的线下供应链提供小微贷款。例如，为罗莱家纺线下门店及加盟店贷款；罗莱集团本身的信贷业务还是传统银行在做。二是为码商提供小微贷款。一些线下小微企业申请一个支付码，用这个收钱码来做生意，即是码商。网商银行推出"多收多贷"服务，商户用收钱码收钱越多，贷款额度也就越高。

靠技术提高获客能力、降低获客成本，网商银行具有小微企业服务优势，也视小微企业为服务边界，其贷款额度一般限制在 100 万元人民币以下。在"双 11"等活动中，一些商家备货信贷超过此限额，但活动结束后，额度限制又回归 100 万元人民币。

2019年3月4日,《金融时报》的中国民营银行发展报告课题组披露,截至2018年12月,微众银行小微企业信贷产品微业贷服务对象34万户。其与网商银行服务小微企业存在巨大差距,原因在于微众银行依托的腾讯不掌握小微企业核心场景和数据,在此领域容易沦为资金提供方。

2)个人消费金融

微众银行个人信贷产品微粒贷在获得客户授权情况下,首先进行反欺诈校验,然后运行六大模型(公安数据、央行征信数据、手机QQ社交、微信社交、财付通支付数据、资金饥渴度),决定最终放款额度。微众银行个人消费金融客户中七成以上为大专及以下学历,客户构成有别于银行信用卡客户,属于次优级用户。腾讯2019年年报显示,微粒贷的贷款余额正迅速增长,不良贷款比率维持在较低水平。来自长城证券2020年的报告显示,微粒贷目前累计放款近2万亿元人民币。

蚂蚁金服花呗可以在天猫、淘宝和部分阿里体系外的商户消费购物,借呗用于个人消费金融服务。蚂蚁金服通过花呗、借呗来满足年轻消费群体的消费欲望和购物需求。据《网贷之家》披露,花呗、借呗的联合贷款利息一般按照五五分成,且银行承担更大坏账风险。2017年6月底,借呗发放贷款达7 537亿元人民币,累计放款用户1.12亿户。

二、科技巨头理财、信贷业务的治理

治理控制着科技巨头理财、信贷业务生存和发展的节奏。科技巨头理财、信贷业务仿佛是各种治理政策的影子,就像歌曲唱的"月亮走我也走",业务跟着治理走。中国科技巨头理财、信贷业务在最初宽松治理环境下超常规发展,一旦监管部门强化治理之后,各科技巨头理财和信贷业务的发展规模、扩张速度、市场行为能主动满足监管要求,进入规范发展阶段。一方面,过度治理可能导致金融抑制;另一方面,与治理协调、妥协可能让科技巨头理财、信贷业务迎来发展的春天。

1. 科技巨头理财业务治理

（1）科技巨头自营货币市场基金治理

针对余额宝天弘基金迅速成为全球第一大货币市场基金，2017年9月1日，中国证监会发布《公开募集开放式证券投资基金流动性风险管理规定》（以下简称《规定》），首次提出系统重要性。《规定》提及，对于被认定为具有系统重要性的货币市场基金，由中国证监会会同中国人民银行另行制定专门的监管规则；对于被认定为具有系统重要性的货币市场基金的投资调整期限，由中国证监会另行设定。"系统重要性"的货币市场基金将面临更为严格的约束标准：不仅要适用普遍的流动性管理规定，还得适用特别规定。《规定》要求，同一基金管理人所管理的货币市场基金资产净值不得超过风险准备金的200倍，否则将被收取双倍或更高的风险准备金。这成为阻碍大型货币市场基金规模增长的最大掣肘。

为应对科技巨头货币市场基金流动性风险，2018年6月1日，中国证监会与中国人民银行联合发布《关于进一步规范货币市场基金互联网销售、赎回相关服务的指导意见》：一是严禁基金销售结算资金用于"T＋0赎回提现"业务；二是对"T＋0赎回提现"实施限额管理，即设置单个投资者在单一基金销售机构单日不高于1万元人民币的"T＋0赎回提现"额度上限；三是除取得基金销售业务资格的商业银行外，禁止其他机构或个人以任何方式为"T＋0赎回提现"业务提供垫支。这就限制了大中型机构客户投资于科技巨头货币市场基金的意愿（全球货币市场基金发展经验表明，零售型货币市场基金比机构型货币市场基金更难形成共识，有利于降低流动性风险）。

余额宝最终放开限额、限购，标志着监管部门对科技巨头自营货币市场基金的治理目标基本到位。

（2）科技巨头基金销售治理

蚂蚁基金"财富号红包活动"以送现金红包方式销售基金，存在抢占市场的倾销行为,违反了《证券投资基金销售管理办法》(证监会令第 91 号)第 82 条第 2 项的规定,即基金销售机构从事基金销售活动,不得采取抽奖、回扣或者送实物、保险、基金份额等方式销售基金。2018 年 3 月 21 日,浙江证监局决定对其采取责令改正的监督管理措施。

(3)科技巨头智能投顾治理

2017 年 2 月,美国证券交易管理委员会(The U.S. Securities and Exchange Commission,SEC)投资管理部推出《机器人投顾监管指南更新》(*Guidance Update: Robo-Advisers*)。SEC 将机器人投顾界定为基于网络算法的程序、运用现代科技为客户提供全权委托的账户管理服务的注册投资顾问。SEC 规定机器人投顾应遵守《1940 年投资顾问法》(*Investment Advisers Act of 1940*)等法规,需获得注册投资顾问(Registered Investment Adviser,RIA)牌照。另外,SEC 针对机器人投顾推出了专门的监管指导,包括服务机构信息披露(商业模式及潜在风险、投顾服务范围描述、信息披露呈现方式)、投资者适当性(调查问卷信息类型、投资者答复处理、策略适当性)及合规计划(算法评估与监督、组合创建与再平衡、利益冲突解决)等内容。

2016 年 8 月,澳大利亚证券与投资委员会(Australian Securities and Investment Commission,ASIC)发布《监管指引 255:面向零售客户提供电子化金融产品建议》(*Regulatory Guide 255: Providing digital financial product advice to retail clients*),针对智能投顾服务提出监管范围、许可证制度、智能投顾从业主体一般义务、提供符合客户最大利益的投资建议等四个方面的内容。

2018 年 4 月 27 日,中国人民银行、银保监会、证监会、外汇局联合印发《关于规范金融机构资产管理业务的指导意见》(以下简称《指导意见》),对人工智能在金融领域的应用进行了规制,从胜任性要求、投资者适当性以及透明披露方面对智能投顾中的算法进行穿透式监管。《指导意见》规定,运用人工智能技术开展投资顾问业务应当取得投资顾问资质;应当向金融监督管理部门报备人工智能模型的主要参数以及资产配置的主要逻辑;应当为投资者单独设立智能管理账户,充分提示人工智能算法的固有缺陷和使用风险,明晰交易流程,强化留痕管理,严格监控智能管理账户的交易头寸、风险限额、交易种类、价格权限等。《指导意见》强调,因算法同质化、编程设计错误、对数据利用深度不够等人工智能算法模型缺陷或者系统异常,导致羊群效应、影响金融市场稳定运行的,金融机构应当强制调整或者终止其智能投顾业务。2019 年 10 月 25 日,中国证监会发布《关于做好公开募集证券投资基金投资顾问业务试点工作的通知》,规定公募基金投资顾问业务收费模式从收取申购赎回等交易型费用调整为按保有规模收取方式,促进代表投资者利益的市场买方中介机构发展。

2. 科技巨头信贷业务治理

(1) 资金来源治理

2015 年 5 月 16 日,中国人民银行发布《关于银行业金融机构远程开立人民币银行账户的指导意见(征求意见稿)》,其原则包括:坚持银行账户实名制;坚持以柜台开户为主,远程开户为辅;实施客户身份识别机制的自证。但征求意见稿五年没有下文,说明允许银行远程开立人民币账户存在巨大争议。目前开设远程(在线)银行账户的限制,加上民营银行试点阶段"一家银行设立一个网点"的分支机构政策,使得科技巨头通过旗下银行零售存款获得资金来源的能力有限。

2012 年,重庆金融办印发《重庆市小额贷款公司融资监管暂行办法》,规定重庆市小额贷款公司的融资杠杆率最高为公司资本净额的2.3 倍。2017 年 12 月 1 日,互联网金融风险专项整治工作领导小组办公室、P2P 网络借贷风险专项整治工作领导小组办公室联合发布《关于规范整顿"现金贷"业务的通知》(以下简称《规范整顿通知》)。针对现金贷业务证券化操作,该通知规定,以资产证券化(ABS)等名义融入的资金应与表内融资合并计算,合并后的融资总额与资本净额的比例暂按当地现行比例规定执行,各地不得进一步放宽或变相放宽小额贷款公司融入资金比例的规定。同时,上海证券交易所和深圳证券交易所也在 2017 年于修订的《资产支持证券存续期信用风险管理指引(试行)》和《资产支持证券定期报告内容与格式指引》中,将 ABS 每年循环次数纳入风险管理。这些都使得科技巨头旗下小贷公司通过 ABS 加杠杆拓展资金来源的方法不可持续。

《规范整顿通知》规定,商业银行与第三方机构联合贷款不得将授信审查、风险控制等核心业务外包,不能异化为单纯的放贷资金提供方;不能违反"了解你的客户"(Know You Customer,KYC)这一基本原则。此治理内容虽然直接限制的是联合贷款的资金方(商业银行),但也间接限制了联合贷款的助贷方(科技巨头),使得科技巨头无法靠联合贷贴上"去金融化"标签,即既通过掌握流量实质从事信贷业务,又避免承担金融监管义务。

2019 年 1 月,浙江银保监局发布《关于加强互联网助贷和联合贷款风险防控监管提示的函》,要求商业银行、消费金融公司、小贷公司等在联合贷款业务中"不得接受无担保资质的第三方机构提供增信服务以及兜底承诺等变相增信服务"。

中国人民银行、银保监会未就智能存款产品发布专门监管文件,但约谈了相关发行银行(如微众银行),"智能存款＋"产品上线 4 个月即被窗口指导叫停。

(2)资金运用治理

科技巨头小微企业、个人消费信贷的资金运用治理,主要体现在属地原则方面。

2017 年 11 月 21 日,互联网金融风险专项整治工作领导小组办公室发文《关于立即暂停批设网络小额贷款公司的通知》,禁止新增批小额贷款公司跨省(区、市)开展小额贷款业务。2019 年 1 月 9 日,浙江银保监局下发《关于加强互联网助贷和联合贷款风险防控监管提示的函》,要求辖内城商行、民营银行法人在开展该业务时,只能经营本行有分支机构的地域的客户,辖内城商行分行原则上只能经营省内的客户。2019 年 10 月 12 日,北京银保监局下发《关于规范银行与金融科技公司合作类业务及互联网保险业务的通知》,要求辖内商业银行立足本地经营,主要服务本地客户,通过合作机构引入在自身营销、服务和风险管控能力范围内的客户。按照客户身份证地址、常住地、主要业务经营地、手机号码归属地、客户登录 IP 地址等维度,制定属地经营规则。办理异地个人授信业务,应严格执行《个人贷款管理暂行办法》中关于面谈、面签的相关要求,并应抽取一定比例采取现场调查方式进行贷后管理。

与上述法规相比,2020 年 5 月 9 日,中国银保监会发布《商业银行互联网贷款管理暂行办法(征求意见稿)》,对互联网贷款属地要求略为宽松:一是限制的对象限于地方法人银行,这就将无实体经营网点或业务主要在线上开展的民营银行等排除在了限制之外,可以认为是对互联网银行的全面松绑。二是并未明确要求面签、面谈,允许互联网贷款对客户进行线上认证。三是要求地方法人银行审慎开展跨注册地辖区业务。

三、科技巨头理财、信贷业务治理的问题

1. 过度行政规制问题

近年来,全国范围出现 P2P、现金贷危机,互联网理财及网络小贷可能产生系统性风险。如何规范互联网理财、网络小贷公司的发展,监管部门习惯在行政规制的思维定式里找寻解决办法,运用强监管措施得心应手。例如,2017 年 11 月 21 日,互联网金融风险专项整治工作领导小组办公室发布《关于立即暂停批设网络小额贷款公司的通知》,规定一律不得新批设网络小额贷款公司。2017 年 12 月 6 日,中国人

民银行副行长潘功胜称,监管部门将考虑重订小贷公司监管规则,补齐行政规制的短板。中国银保监会普惠金融部计划制定全国统一的网络小额贷款监管制度,提高准入门槛,引入分级管理模式。又如,2017年以来,一系列行政规制控制科技巨头货币市场基金。一方面,终于让余额宝的发展速度、基金规模、市场行为基本符合了监管要求,解决了商业银行关注的挤占活期存款、提高融资成本等问题;另一方面,"一刀切"的强监管抑制了其他竞争者的出现,余额宝在科技巨头货币市场基金领域的集中度、基金公司话语权的弱势等问题依旧存在。一句话来说,在科技巨头理财、信贷业务治理上,由放任到"一刀切"禁止,监管部门偏爱行政规制模式,容易陷入"一管就死、一放就乱"的治理困局。

2. 准入许可的局限性

一方面,初期监管准入不一定有那么足够的判断力与预见性,发不发牌照都很难办。如果不发,担心抑制了某种创新金融科技的发展和应用,没有对科技巨头的理财、信贷业务保持敏锐、支持、宽容;如果发放,金融科技理财、信贷业务的一些巨头属性衍生出的市场冲击(如支付宝备付金、花呗和借呗、ABS、科技巨头与银行联合贷款等)是准入时无法预料的。另外,个别机构利用科技巨头的理财、信贷业务有其准入的跨界模糊空间,以去金融化为名,不想拿金融牌照,不承担资本充实率、风险准备和拨备等高成本,但又想做金融业务,就在各监管部门市场准入中选择,谁的准入有利就向谁靠。另一方面,无法用市场准入与否来厘清互联网理财、信贷业务问题的责任。全社会对"互联网+"高度推崇,各行业、各层级的领导即使不分管金融,也热衷于普惠金融(如特别关心大学生贷款、农民贷款、小微贷款等),形成了政治、舆论方面的压力。在这种情况下,金融监管部门无论是否直接发放牌照,互联网理财、信贷业务一旦出了问题(如非法集资、P2P跑路等),大家可以推来推去,但还是得有部门负责,最后是银保监会负责监管。总之,科技巨头的理财、信贷业务很难用一个许可证、牌照就能管住。

3. 互联网背景下属地原则不合理,任意突破又不公平

属地原则维护了现行商业银行的竞争秩序及利益格局,但金融科技提供的远程操作延伸了金融服务的辐射范围,为突破属地原则创造了技术条件。实际上,科技巨头旗下的互联网银行及网络小贷公司自营放贷或与银行联合贷款都面向全国用户,属地原则形同虚设,产生了属地监管原则与互联网信贷跨地域属性之间的矛盾。例如,蚂蚁金服两家小贷公司在重庆注册,重庆市人民政府金融工作办公室从来没有批准小贷公司可做全国性经营,但蚂蚁金服花呗、借呗却是面向全国用户的。又如,一些城商行、农商行一度借助科技巨头平台开展联合贷款突破地域限制,但此项业务又屡屡被监管机构叫停。

互联网背景下信贷属地原则不合理:传统体制下银行的"一亩三分地"是按行政属地的特定层次、对象、信息、产品和服务划分,而互联网虚拟空间很难对属地进行界定,在人口流动频繁的背景下,更难认定属地客户。传统体制中最受属地限制的是中小银行,但它们同样被监管要求在互联网虚拟空间只能引入在自身营销、服务和风险管控能力范围内的客户,如此不合理的区域限制使得地方中小银行进退维谷:在属地范围内地方中小银行本就有丰富的线下资源而对网贷业务需求较弱,在属地范围外受制于政策又无法开展网贷业务。

仅凭互联网因素突破属地原则又存在行业、机构之间的不公平:省级地方政府金融服务办公室控制网络小贷公司的属地市场准入,却由于互联网因素实际变成全国性经营,这与其他类型金融机构的全国性市场准入条件之间存在不公平。另外,传统小贷公司不能跨区域经营,但传统小贷"改头换面",通过网络小额贷款公司的形式则可以在全国开展业务,这导致传统小贷公司与网络小贷公司之间的不公平。

四、科技巨头理财、信贷业务治理的完善

1. 靠市场化和法制化完善

科技巨头理财、信贷业务的行政规制问题要依靠市场竞争优选和营造法制环境来完善。监管部门在科技巨头理财、信贷业务治理方面，要扮演好自己的角色：一是帮助建立竞争性市场环境，承认科技巨头理财、信贷业务治理真正的创新还是在市场，使得最具效率的科技巨头理财、信贷业务通过市场竞争脱颖而出。尝试市场化扶持方式治理科技巨头货币市场基金，对市场新进入者给予比市场垄断者更宽松的监管环境，培育有竞争力的市场参与者（如微信财付通理财业务），降低科技巨头货币市场基金的集中度。二是推动《非存款类放贷组织条例》尽快出台，为相关互联网小额贷款监管规则提供上位法依据；从源头完善法制环境来避免以往行政规制头痛医头、脚痛医脚的方法；杜绝朝令夕改、疲于应付。

2. 靠激励政策完善

既然一次性牌照许可无法长久性管住科技巨头的理财、信贷业务，那么最重要的政策选择就是激励政策，因为激励政策是一个连续政策，监管机构可以对其进行调整，鼓励做什么或者不鼓励做什么，激励多一点或者少一点，是正向还是转为负向，都可以连续变化。马基雅维利《君主论》的观点对激励政策很有启发："给人恩惠要一点点地来，让他有盼望。"

个别科技巨头比较少关心金融科技的效率和竞争力，真正关心的是备付金吃利差、管制利率与市场利率的无风险套利，说白了就是影子银行吸收存款。但对吃利差、无风险套利行为监管部门是可以调节的。例如，货币市场基金的银行大额存单协议存款的利率是完全市场

化放开的,但老百姓的存款是歧视性的管制利率。只要不实行利率市场化,科技巨头货币市场基金就能够获得不合理的无风险套利。为尽最大可能抑制不良动机,监管部门可以通过资金托管规则和利率市场化政策等激励机制去影响、调节科技巨头理财、信贷从业动机,鼓励其靠自身科技、效率产生附加价值。总之,不良的动机和做法很难通过一次性牌照许可的方式解决,但可以通过设立激励机制加以解决。

3. 抛弃"一刀切",完善科技巨头信贷业务跨区经营

2020年5月9日,中国银保监会发布《商业银行互联网贷款管理暂行办法(征求意见稿)》,其鲜明特色是并未"一刀切"地禁止地方法人银行跨区开展互联网贷款业务。此征求意见稿对科技巨头信贷业务的治理完善主要体现在:其一,松绑科技巨头下属互联网银行、网络小贷跨区经营。其二,为地方法人银行未来跨注册地辖区与科技巨头联合开展互联网信贷业务留出了政策空间。

第四章 科技巨头云计算(金融云) 治理及完善

一、云计算现状、分类及发展脉络

云计算是一种以网络方式接入到一个可扩展、弹性的共享物理或虚拟资源池的服务模式。通过地理上分散的计算基础设施和安全方面的大量投资,云计算提供商可以显著提高单个机构的计算能力弹性,使它们能够更快地扩展和更灵活地操作。各云计算提供商比拼谁能够给市场提供更加安全、便捷、低价的计算基础设施,争夺云服务市场份额及统治权,从而成为本质上的互联网"地主"。Gartner 发布 2019 年全球云计算市场报告:亚马逊排名第一,市场份额为 45.0%;微软排第二,市场份额为 17.9%;阿里巴巴排名第三,市场份额为 9.1%;谷歌排名第四,市场份额为 5.3%。云计算从服务提供商角度看,是专业服务避免其他机构"重复发明轮子"(意指做一些重复无用的工作);从获得云计算的客户(尤其是初创企业)角度看,是站在巨人的肩膀上看世界。

云计算提供商走上对商业、金融、供应链等细分市场计算基础设施的不断征服之路,结合监管当局治理要求(主要是金融、技术和信息层面上的安全要求)赋能金融机构,金融云成为其最擅长的行业,占云计算市场份额超 20%,排名第一。

云计算的种类、路径及发展趋势丰富多彩,就像"一千个读者心中有一千个哈姆雷特"。不论具体,现仅究其发展脉络及现状做一分类梳理。

1. 公有云

公有云是第三方的公有云供应商为用户提供可通过互联网访问的虚拟环境中的服务器空间。用户可以通过购买云服务器、数据存储和其他与云相关的服务等公有云服务来访问这些服务器。公有云的核心属性是共享服务资源，按照交付方式可细分为 IaaS（基础设施即服务）、PaaS（平台即服务）、SaaS（软件即服务）三种。公有云的优势是成本更低、无需维护、近乎无限制的需求弹性、高可靠性。公有云的标准化服务可以帮助客户快速实现一些基本的云计算功能，但很多人又担心公有云的安全性、私密性。

2. 私有云

私有云是为一个客户单独使用而构建的，可部署在客户现场数据中心的防火墙内，也可以由第三方服务提供商托管（托管式专用）。私有云的核心属性是专有资源。私有云的优势是数据安全、可确保服务质量、可充分利用现有硬件资源和软件资源、灵活性更高（客户可自定义云环境以满足特定业务定制化需求）、缩放性更高，但是私有云的费用及维护成本相对较高。

3. 混合云

混合云就是公有云和私有云的结合。目前云计算 IaaS、PaaS、SaaS 相互之间越来越纵向融合，而计算和存储之间、虚拟化环境和裸机环境及容器之间也经常横向融合，多种融合技术引导了混合云的发展。混合云通过安全连接公有云和私有云环境，允许在不同云环境之间共享数据和应用程序；在一个平台上实现私有云和公有云资源的统一申请、统一审批、统一监控、统一计费。出于信息保密、行业合规、市场细分等因素，有些客户更愿意将数据存放在本地数据中心或私有云中，但又希望可以获得公有云的计算资源、存储资源，同时兼顾公有云的效率和私有云的安全。混合云的主要应用场景包括灾备、资源弹性扩张（选择公有云作为大小可调的计算容量，确保需求峰值期间实现无缝增长以保持性能，同时在需求平淡期间自动减少以降低成本）及数据备份。混合云的优势是安全、可扩展性高（几乎无限的存储空间）与对云资源的控制性、灵活性和成本效益。

4. 智能云

最初做云计算时，就是简单的虚拟机、数据库、存储，根本没有现在的大数据、AI（人工智能）、IoT（物联网）、移动化、协同办公等。目前云计算的发展趋势就是智能云。智能云将解决高性价比的大规模算力问题、提供海量的数据样本、突破机器学习的关键算法等。智能云的服务边界、范围更宽，产品复杂程度也今非昔比。当云计算产品非常简单时，拿来用就行了，不需要销售；但产品复杂程度上升到智能云，就要给用户一个解决方案，满足用户的差异化需求。

二、科技巨头云计算特色及金融应用

1. AWS（亚马逊云服务）特色及金融应用

（1）AWS特色

建立自身通用的计算机基础架构后，亚马逊意识到其他公司也需要类似的能力。AWS 于 2006 年正式推出，希望将亚马逊的技术核心——计算基础设施平台打造成一项生意，使科技应用客户避免为每个项目"重新发明轮子"。当时外界并不看好"第一个吃螃蟹的"，其成功完全是"无心插柳柳成荫"。如今 AWS 是全球最大的云计算服务平台；在中小型客户中，AWS 占据公有云的主导地位。AWS 开先河的云计算改变了信息技术（IT）产业，也深刻改变了人们的工作方式和公司的经营方式。目前云计算大战尚未结束，领先者的奖品实在是太丰厚了。AWS就是这样的幸运儿,其2019年的营收达到350亿美元,利润达到92亿美元。在Gartner云计算的排名中,AWS连续七年排在第一。

AWS提供全服务品类,基础云服务在底层,之上有安全服务、混合部署迁移和应用服务、平台和垂直行业应用服务等,截至2018年AWS有100多个云计算服务大类,有2 000多个云计算的服务功能小类。AWS服务模块化、积木化,用到上面的细分服务不一定要用到底下所有基础服务,客户可以根据自己的需要像搭积木一样量身定制自己的业务场景。除了提供服务工具,AWS还有专业团队可以帮助企业客户理出云转型的规划。

AWS的最大价值体现是服务企业客户14年的商业实践历练,经验的累积没有快捷途径。使用AWS最重要的好处是,不必担心如何构建和运营科技项目所需的计算基础设施,而可以将时间、金钱和精力专注于业务。

(2)AWS金融应用

在AWS的众多垂直行业里,金融行业是做得最大的。AWS金融应用服务的主要品类:一是AWS提供了非常全面的细粒度的安全管控工具,保证金融客户云计算的安全;同时,AWS有一整套成熟的大数据服务,帮助金融客户更好地洞察金融市场先机。二是AWS为金融客户提供云服务的弹性和稳定性。三是AWS有一套比较完整的金融客户人工智能解决方案。

金融行业用户最关心云计算安全:AWS采用责任共担模型。AWS负责操作系统以下的基础物理设施安全,对客户信息进行安全管控;客户负责操作系统以上的应用内容安全。另外,AWS还在安全工具与服务领域为私有云客户提供自己设置安全权限服务、合规性检查和操作行为审核服务、密钥管理服务等功能。

AWS在全球主要国家和地区(如美国、中国、欧洲等)设立两个Region(区)多组数据中心,既能帮助金融客户实现同城容灾的需求,也能实现两地三中心的灾备和高可用的需求。

AWS与Capital One（美国第一资本投资）合作的金融云案例：2014年年初，Capital One开始使用AWS服务，包括底层基础、大数据EM2、托管Hadoop、数据仓库、存储。在此基础之上，2016年其进一步使用了AWS Alexa服务。Capital One自定义了基于信用卡的应用场景的解析，整合到Alexa里面之后，提供了人工智能成分作机器学习，做出了美国第一个智能语音银行的服务，服务类别是查询类，专门针对Capital One信用卡做账户信息概览、账单支付、余额查询、额度查询等。其使用方式很简单，把智能语音银行服务和Alexa集成，客户通过放在家里的Alexa智能音箱就可以直接对话，并且客户体验可完全实现无手操作。

AWS和Capital One是成功合作的金融云案例，为大型、具有严格监管要求的金融机构筹划自己的云服务提供了有益的启示，这也吸引了更多金融机构把敏感信息从"本地物理数据中心"（On-premise Physical Data Centres）转移到亚马逊云端。2017年7月20日，AWS金融行业产品拓展经理刘宁披露，全球89%的国际大型银行、67%的国际大型保险公司和53%的国际交易中心平台都把一些关键的工作负载和核心应用放到了AWS上。

由于"防火墙配置错误"，2019年7月，亚马逊前员工汤普森·佩奇（Thompson Paige）非法访问Capital One用户数据，约有1亿美国信用卡客户和600万加拿大信用卡持有人、申请人的个人信息被盗，其中涉及110万个加拿大社会保险和美国社会保险的账号，以及8万个关联银行账号。

尽管没有正确设置防火墙属于Capital One的责任，但AWS责任共担模型中责任界限划清也不容易，AWS的安全性也遭到了质疑。有些人（如美国参议员Ron Wyden）就直接将此次数据泄露的大部分责任推给了AWS。

2. Azure(微软云计算操作系统)特色及金融应用

(1) Azure 特色

一是另辟蹊径。Azure 代表了云计算的另外一条发展路径。AWS 的道路是从底层一点一点向上扩展,从 IaaS 一层一层弄上来,做 PaaS,然后 SaaS。而 Azure 采取了差异化竞争策略,把握客户其实需要的是一个"一揽子"的云计算解决方案,从客户需求端往下一点一点做,这是一个新的思路。Azure 针对 To B 端大型企业的需求,推出了包括"混合云"和"智能云"的完整解决方案,包括公有云 Azure、混合云 Azure Stack、物联网 Azure IoT Edge 和 Azure Sphere。

二是一体化优势。微软以前做的软件很多都是给企业用的,企业云计算目前状况的主要还是停留在公有云和私有云都要使用的阶段;使用公有云可以放在 Azure 里,私有云可以继续使用微软的软件,这就保证了公有云和私有云一致的软件环境,有助于企业在公有云和私有云之间转换不同的业务,而且转换成本相对较低。公有云与私有云的软件一致性从两方面使微软受益:一方面是促进了 Azure 云计算业务的发展,另一方面是微软自有的软件越来越具有竞争力。一句话,服务器软件是 Azure 的优势所在。

微软用于私有云、公有云、混合云的技术都是一样的,即背后技术都是微软自己的 Windows Server(服务器操作系统)、SQL Server(关系型数据库管理系统)、System Center(数据中心管理)等。

微软推出的 Azure Stack(硬件集成系统)是与 Azure 公有云具有一致性用户体验、一致性开发接口、无缝资源迁移的混合云产品,能够将 Azure 云服务带入用户本地数据中心。Azure Stack 与 Azure 的同步升级,加快了混合云融入企业业务的进程。

智能商业应用模块 Dynamics 365 整合了 CRM(客户关系管理)和 ERP(企业资源计划)的功能,融入了人工智能、商业智能、混合现实、社交、移动能力等现代化细分功能模块,打通了与 Office 365、LinkedIn

和必应等微软系产品的数据壁垒,对关系、流程、数据予以统一管理,实现了生产力与业务流程的无缝衔接。

总之,底层软件、技术、接口、数据、体验一致,微软云计算业务的整体一致性是其独特价值。微软各种云计算应用程序都是围拢在"One Microsoft"旗帜下,为商业客户赋能,助力数字化转型。

三是企业客户优势。靠软件起家的微软,具有用户粘性高、产品服务贴近客户、在大型组织中备受欢迎的优势,是企业级云计算市场最有力的竞争者。从长期来看,微软云计算的优势,关键不在于技术,而在于它多年的企业业务和建立起的客户基础。

（2）Azure 金融应用

2018 年 12 月 12 日,瑞银集团（UBS Group）与微软公司达成一笔价值数亿瑞士法郎的交易,即使用微软公司的云服务,以期降低维护传统数据中心的高昂成本,同时遵守严格的瑞士隐私法。微软声称将在瑞士建造数据中心,以满足当地银行要求。UBS 正在决定将哪些应用软件迁移到微软 Azure,不过在初始阶段不会把客户数据转移过去,而是仍由 25 个传统数据中心继续运营。

2019 年 5 月 6 日,微软公司发布了一系列全新 Azure 服务与开发技术,帮助开发人员掌握人工智能、混合现实、物联网和区块链等先进的技术;分享更多混合云与边缘计算的新特性,以便支持开发人员。摩根大通（JP Morgan Chase）的以太坊平台 Quorum 成为 Azure 区块链服务的第一个账本平台,使双方的客户能够在云中部署和管理可规模化扩展的区块链网络。同时,摩根大通制定了一项战略,将微软公有云 Azure 和摩根大通的私有云拼接成混合云。

2020 年 4 月 16 日,微软与由摩根大通、花旗银行（Citibank）等金融机构组成的 R3 Consortium（以下简称 R3）联盟签署协议,以加速推进区块链分布式账簿技术的普及。微软 Azure 将会是 R3 的云服务提供商。Azure 将提供基于云端的工具、服务和基础设施,以及技术架构师、项目经理、实验室助理和支持服务。获得 Azure 智能云端技术支持后,R3及其银行成员将能够加快试验和学习的进程,加速分布式账簿技术的部署。

3. 阿里云特色及金融应用

(1) 阿里云特色

阿里云的定位现在已经从单一 IaaS 层虚拟机、数据库的基础设施变成全方位数字经济的基础设施,不仅是 IT 基础设施、AIoT(人工智能物联网)基础设施,还包括协同办公基础设施、大数据智能化基础设施等。阿里云把云计算的边界进一步向外扩展了,期望成为"商业的操作系统"。

与竞争对手不同,阿里云在阿里巴巴自己内部业务里面经受了很多锻炼和考验。没有产业内部的实践,没有自己业务尝试,要去凭空做一个有非常高质量的云,给外部客户提供一个所谓的解决方案,变成一个数字经济体的基础,这是非常困难的事情。

阿里云从原来的单纯互联网公司向 2B 的服务型公司转变,从根本上改变了原来做标准化公共云的方法,目前主要结合行业、机构的云计算需求,从咨询到做方案到实施,再到交付和服务,提供全方位定制化解决方案。

(2) 阿里云金融应用

蚂蚁金服下属的网商银行是中国第一家将核心系统架构放在金融云上运行的银行。网商银行金融云架构采用全分布式的金融架构,包括基础设施云层(IaaS)使用阿里云飞天平台;金融技术云层(PaaS)采用包括分布式消息文件、分布式调度、分布式资源管理、分布式服务注册系统、监控系统等在内的一些自研中间件;金融数据云层(DaaS)采用自研 OceanBase 数据库;金融业务云层(SaaS)采用自研 SOFAStack 双模微服务平台。应用场景包括存款、支付、融资、理财、投资、现金管理、风控、信用、智能客服、生物识别等。

通过网商银行搭建金融云的内部实践,阿里云更清楚金融机构所需要的基础设施与架构,更了解金融机构所关心的问题,锻炼出了服务金融机构的能力,包括满足金融合规与安全的要求。服务其他金融机构时,阿里云团队有更好的准备,也更能理解金融机构的需求和痛点。

经过多年内部实践及外部服务的历练,并连接蚂蚁金服丰富的金融生活场景,目前阿里金融云已进一步升级为包括云计算、人工智能、安全、信用支付、金融生态于一体的强大金融云服务,并加速向客户与合作伙伴开放。

三、科技巨头云计算(金融云)的治理

1. 主要国家云计算的相关政策、法规

各国高度重视云计算的发展,近年来纷纷制定国家战略和行动计划,并通过政策法规、政府采购等形成安全标准、服务规范、管理制度。同时,这些政策法规也成为包括金融行业在内的各垂直行业采用云服务的重要参考及标准。

(1)美国云计算政策、法规

美国是云计算发展领先的国家,产业实力强,其政府制定的《联邦云计算战略》(*Federal Cloud Computing Strategy*)使联邦政府机构成为云计算的重要用户,目前已有 300 多家。其中,中央情报局(Central Intelligence Agency, CIA)、国防部(United States Department of Defense, DOD)分别使用亚马逊、微软的云服务。

美国政府对云计算行业没有特殊的监管机制,与互联网业务同等对待。但云计算被实际应用到政府机构时设有较高门槛,需要通过联邦风险和授权管理程序(FedRAMP)认证。FedRAMP 认证是一项政府范围的计划,为云产品和服务的安全评估、授权和持续监控提供标准化方法。FedRAMP 认证的理事机构包括:行政管理和预算局(Office of Management and Budget, OMB)、美国总务署(General

Services Administration，GSA)、美国国土安全部（United States Department of Homeland Security，DHS)、美国国防部（DOD)、国家标准与技术研究院（National Institute of Standards and Technology，NIST)以及联邦首席信息官（Chief Information Officer，CIO)理事会。想要向美国政府机构提供产品和服务的云服务提供商必须证明自己符合 FedRAMP 的规定。FedRAMP 要求云服务提供商接受由第三方评估机构（3PAO)执行的独立安全评估，以确保授权符合联邦信息安全管理法案（Federal Information Security Management Act，FISMA)。联邦政府机构和云服务供应商的应用程序和数据合规性都需满足 FedRAMP 认证的安全控制基线，包含低影响级别、中等影响级别、高影响级别三套基线控制集，为不同级别的系统推荐了不同强度的安全控制集（包括管理、技术和运行)。一句话，FedRAMP 认证框架控制着所有美国联邦机构对云服务的使用。

FedRAMP 认证可以作为云计算各垂直行业寻求合规性和安全性的指南。美国银行业等受到严格监管的机构就将 FedRAMP 认证用作对云服务产品进行安全评估、授权和持续监控的标准化方法。

（2）欧盟及英国云计算的政策、法规

欧盟云计算产业相对于美国、中国显得比较滞后，为了发展本土云计算产业，欧盟采用"两手抓"：一方面是促进云计算发展，如《德国云计算行动计划》鼓励联邦和各州政府在电子政务中采用云计算技术；另一方面是对云计算采用强监管机制，如 2013 年欧盟议会通过了《关键信息基础设施（CIIP)——面向全球网络安全》决议，将云计算纳入了关键信息基础设施（CIIP)范畴，以加大对云计算的监管力度。

境内金融机构与跨国云服务提供商合作，把数据迁入后者云服务端。对此，欧盟规定跨国云服务提供商必须在欧盟国家建造数据中心，以满足当地银行、保险商的需求；即使出于灾备等问题考虑，欧盟也禁止把数据存储在非欧盟国家里。

欧盟《通用数据保护条例》（*General Data Protection Regulation*，

GDPR)的监管精神是保护欧盟居民的隐私。其严格的数据收集和使用限制,导致云用户及提供商合规成本上升,甚至会阻碍云计算的发展。GDPR介入到云计算客户与云服务提供商的合同关系中,要求云计算服务条款提高透明度,使云服务用户了解云服务提供商的数据处理行为,强化数据的安全防护。

英国《政府云计算战略》提出中央政府新增 IT 支出中的 50% 用于采购公共云服务;英国政府机构采购云服务通过英国政府云服务项目(G-Cloud)的在线云服务商店(Cloud Store)进行。进入 Cloud Store 的云服务商需要认证评估:满足 G-Cloud 云服务合同框架,通过 G-Cloud 认证。根据英国政府信息标准(HMGInformation Standards No.1&2),G-Cloud 认证对四类云服务进行认证,包括基础设施即服务(IaaS)、平台即服务(PaaS)、软件即服务(SaaS)和专家云服务(Specialist Cloud Services,SCS,提供云计算专家咨询服务)。英国禁止政府信息存储在境外,以达到保障安全和遏制国外云服务商的目的。

(3)韩国云计算的政策、法规

韩国对网络安全和隐私保护合规要求覆盖资产管理、访问限制、认证及权限管理、加密、灾备等多个领域,涉及包括《信息通信网法》《个人信息保护法》《云计算发展与用户保护法》等在内的 11 部之多的法律。《云计算发展与用户保护法》将云计算纳入增值服务进行管理,政府委托韩国互联网振兴院(简称 KISA)对云服务进行官方安全认证,审核韩国信息安全保护管理体系(KISMS),认证涵盖计算、存储、网络、数据库和安全性,以及数据中心基础结构等,审核的重点是企业组织对企业信息、个人信息管理及资产管理的安全性和可靠性;同时要求在韩国提供云计算服务的企业必须向政府提交一份报告,用以作为提供服务的条件之一。

(4)中国云计算的政策、法规

2007 年,为加快推进信息安全等级保护,规范信息安全等级保护管理,公安部、国家保密局、国家密码管理局、国务院信息化工作办公室制定了《信息安全等级保护管理办法》。2015年,国务院发布《关于促进云计算创新发展培育信息产业新业态的意见》,提出可信云服务认证的国家政策,旨在建立云计算服务的信任体系。2017年,工信部发布《云计算三年行动计划(2017—2019年)》;2018年,工信部印发《推动企业上云实施指南(2018—2020年)》,推进云计算的标准化、云计算的可信标准等工作。2018年,中国人民银行发布《云计算技术金融应用规范 技术架构》《云计算技术金融应用规范 安全技术要求》《云计算技术金融应用规范 容灾》三项金融行业标准,此三项标准适用于金融领域的云服务提供者、云服务使用者、云服务合作者等,由全国金融标准化技术委员会归口管理。

公安部信息安全等级保护评估中心依据《信息安全等级保护管理办法》,按照管理规范和技术标准,对各机构的信息系统安全等级保护状况进行认可及评定,共分为五个等级。等保三级(国家信息安全等级保护认证第三级别的简称)是国家对非银机构的重量级认证,属于"监管级别"。

中国各政府部门从技术架构、安全管理、业务连续性等方面对云计算技术应用提出监管规则,引导信息技术在金融领域规范运用,纠正了部分机构"有技术就滥用,有技术就任性"的乱象。

2. 云计算安全合规行业治理

(1) 云计算系统与组织控制独立审计报告

第三方审计师出具美国注册会计师协会(American Institute of Certified Public Accountants,AICPA)云计算系统与组织控制(SOC)报告,报告说明云服务商的关键控制及控制目标,帮助客户更好地评估云服务商的内控机制并有效地管理其外包风险。SOC1报告是针对云服务商的内控描述以及其控制目标的第三方审计报告;SOC2报告是针对云服务商提供的云服务的安全性、可用性及机密性相关的内控机制进行检查验证的独立审计报告;SOC3报告是针对云服务商对

AICPA 可信服务标准中关于安全性、可用性和机密性原则符合描述的第三方独立审计报告。

（2）PCI-DSS（支付卡行业数据安全标准）认证

PCI-DSS 安全认证的全称为 Payment Card Industry（PCI）Data Security Standard，是 VISA、美国运通公司和万事达等国际信用卡组织联合推出的金融机构安全认证标准。为增强持卡人的数据安全，PCI-DSS 针对保护账户数据的技术和操作要求提供全球统一的基准，适用范围涵盖所有涉及商户、处理商、收单机构、发卡机构和服务提供商等支付卡处理实体，以及储存、处理或传输持卡人数据的其他实体。审核内容包含 6 大领域、12 项规范，共 200 余项审查指标。审核包括自我安全监测、漏洞分析及 PCI 协会安全调查三阶段，对拟申请企业的信息系统硬件环境、软件环境、员工素质、管理流程等环节进行全方位审核。同时，在获得 PCI-DSS 认证后，企业每年必须接受协会年检。

随着云计算应用场景的增多，以及数据安全威胁呈现出的多样化趋势，云用户和云服务提供商在合规过程中出现责任相互交叠的部分，越来越影响数据的安全和防护。基于 PCI-DSS 数据安全合规建设的上述方法论，PCI-DSS 制定了云环境下云服务提供商和云用户的详细数据安全标准点责任细分，厘清了责任界线，明确了各方的责任划分。

（3）可信云服务认证

可信云认证由数据中心联盟组织，中国信息通信研究院测试评估。认证对象包括云主机服务、对象存储服务、在线应用服务等 11 部分。评估内容包括企业基本信息、云服务基本信息、承诺完整性、承诺规范性和承诺真实性。其中，承诺完整性和承诺规范性依据中国通信标准化协会标准《云计算服务协议参考框架》（YDB 144—2014）；企业基本信息、服务基本信息和承诺真实性依据数据中心联盟的技术文件《可信云服务认证评估方法》，包括 1～12 部分。具体评测内容包括：数据存储的持久性、数据可销毁性、数据可迁移性、数据保密性、数据知情权、数据可审查性、业务功能、业务可用性、业务弹性、故障恢复能力、网络接入性能、服务计量准确性、服务变更、终止条款、服务赔偿条款、用户约束条款和服务商免责条款。

（4）ISO27001 认证

ISO27001 是一项为成熟商业模式设立的信息安全标准,由英国标准协会（BSI）制定。ISO27001 以信息资产、信息安全、风险管理为核心体系,审核机构的信息安全管理水平。内容包括:保护信息资产的保密性、完整性、可用性;信息安全风险管理;人力资源、物理、网络和主机安全;业务连续性;数据中心运维安全等。

在云计算背景下,由于云计算安全与传统信息安全的安全目标相同,可以从 ISO27001 信息安全体系的核心和管控思想两个方面检验云计算服务提供商提供给客户的安全承诺。同时,ISO27001 对于云计算的隐私保护和法律方面的合规管理也提供认证。

四、科技巨头云计算(金融云)治理的问题

1. 监管缺位及巨头博弈问题

目前科技巨头的云计算都在各国金融体系中扮演重要角色。尽管云服务提供商不直接处理货币交易,但它们的运营稳定性支撑着银行越来越多的核心职能;通过移动设备接入客户的银行账户,帮助客户实现买卖证券即时操作;运行着存有客户信用评分和身份号码的数据库;分析银行交易员的风险并处理付款;一些大型金融机构(如美国Capital One)甚至关闭了自己的专有数据中心,将大部分数字业务转移到云上。一句话,科技巨头金融云已经逐渐成为各国金融体系不可或缺的重要组成部分。

近几年,陆续不断的云计算数据安全事故引发了各国监管机构对云端服务商的警惕。2019 年 7 月,Capital One 金融云遭遇黑客入侵,大批用户数据泄露。美联储随即向亚马逊公司弗吉尼亚公有云平台

进行了监督检查，重点关注亚马逊金融云的市场弹性和备份系统。经过调查，美国监管机构发现云计算（金融云）监管缺位及巨头博弈的治理问题。一方面，尽管金融机构对科技巨头云服务的依赖增加了外部性风险及风险传播渠道，但金融监管机构对这些非银行业的云服务提供商影响力很有限，科技巨头金融云受到的监管很少，因为这些金融云服务提供商并不在金融监管部门的监管体系内，金融机构只能依靠自己对云服务供应商进行审核。甚至产生了值得注意的怪象：科技巨头的非金融风险正在外溢、渗透到金融领域，使得金融云治理面临"大而不倒"和科技渗透型风险。另一方面，当2017年美国联邦政府在权衡是否实施新的网络安全标准时，亚马逊、谷歌和Facebook等科技公司进行了相关游说，反对这些标准及新的监管制度。它们认为，云服务提供商只是简单地销售一个系统，然后把运行和保护系统的工作移交给客户；实施额外的网络安全要求会导致不必要的合规成本增加，同时可能降低具有系统重要性的金融机构的安全性。联邦政府的此项动议最终被放弃了。"不够现代化，无法适应云计算和其他创新技术"的各国监管部门还没有想出如何监管科技巨头金融云。并且，一旦有安全或隐私问题，由谁来承担，承担怎样的责任。

2. 安全合规的理解偏差及执行问题

个别科技巨头云计算（金融云）有时会发生隐私数据泄露，有时会参与违规"引流导流"行为，甚至会在用户不知情的情况下使用用户数据来谋求短期利益，这些都是科技巨头云计算（金融云）长期可持续发展的"定时炸弹"。正是因为个别科技巨头存在云计算（金融云）安全合规治理的理解偏差及执行违规，给市场带来了"伤痕"副作用，直接导致中国企业对于业务"上云"缺乏信任感和安全可控认知。

3. 顶层设计问题

目前一些国家的企业云服务落后于政府云服务。例如，美国联邦政府机构的应用程序和数据合规性必须满足联邦风险和授权管理程序（FedRAMP）认证，其就推动了联邦机构的"云优先"及"云敏捷"战略。但目前美国私有部门尚无类似FedRAMP的商业化云服务认证框架，连以实力、创新领先的美国银行业云服务也只能跟随FedRAMP认证。又如，2014年，阿里云为"浙江政务服务网"上线提供技术支持，实现省、市、县三级的一体化政务服务数据直连，打破了部门、地区之间的信息孤岛，推进了公共数据整合与共享。与中国各级政府云治理相比，目前整体上中国企业对公有云的接受度低于全球市场，多数金融机构依然倾向于使用私有技术进行金融服务开发和运营。甚至，号称引领市场发展，最先进、最安全的大型云服务提供商也屡次出现自家云计算业务支撑不好、灾备系统启动不及时的问题。例如，2015年5月27日，杭州市萧山区光纤被挖断，导致阿里云故障，支付宝大范围断线2小时。又如，2018年7月18日，亚马逊购物促销活动Prime Day，AWS云服务中断6小时，使其无法访问AWS管理控制台。

　　透过上述反常现象可以看出，与政府云相比，各国企业、科技巨头在接轨或提供云服务中都存在规划、立法及预警平台等方面缺乏统一的顶层设计的问题。顶层设计缺陷使得各云服务提供商、云服务使用者无法对全方位、多层次、宽领域的云计算的相关制度、法规进行细化、落实，结果使得科技巨头云计算（金融云）的治理往往事倍功半。

五、科技巨头云计算（金融云）治理的完善

1. 监管完善

　　鉴于科技巨头金融云对金融机构十分重要，云端服务商已成为金融监管的新重点，监管部门也认识到了云治理缺位问题，并开始进行改进。对亚马逊云平台的审查是类似监管的第一例，未来各国监管机构应该将大型云服务提供商纳入金融监管部门监管体系内进行持续

监管,从金融稳定、治理框架的高度审视这个问题,重点关注科技巨头云服务的网络安全性和应急安排,将云端服务商看成重要的金融市场实用工具实施额外监管。此外,还应尝试进行金融云治理评估:一是有关云计算外包安排的规管标准和监管措施是否足够;二是考虑金融机构使用云服务的相互协调、合作及共享信息问题;三是确保云环境中的互操作性和数据可移植性而进行的标准化工作。对科技巨头金融云治理水平进行判断、评价和分类,并根据评估结果实施分类监管,十分必要。

2. 安全合规的正确理解及完善

首先,科技巨头要建立与政府的良好关系。科技巨头不能只是简单遵守金融云的相关法规,它还应该与全球市场上主要监管机构进行一对一的对话,了解是否被允许提供云服务,法规依据是什么。同时,对各国政府在云服务治理方面需要怎么做,如何为客户保密属于他们的数据等问题也应该给出建议。与各国政府充分交流和沟通,可为其提供决策参考。

其次,科技巨头对于云业务合规与数据安全的理解要吃深吃透。例如,欧盟《通用数据保护条例》(GDPR)本身并不是专门针对云计算、金融云用户和市场的合规要求,但其对于用户隐私和数据主权的规范,是需要每一家云计算提供商自觉觉醒并始终遵循的。

最后,科技巨头要非常重视各种云计算(金融云)安全合规治理的标准、认证,遵从广泛的国际和行业符合性标准(如欧盟《通用数据保护条例》、ISO27001、FedRAMP、SOC1、SOC2和SOC3)以及各国特定标准(包括韩国 KISMS 认证、英国 G-Cloud、中国信息系统安全等保及可信云服务认证等)。让客户信赖自身,才是云基础设施平台的最重要的竞争力。

3. 顶层设计完善

针对云服务供应商、云服务使用者常遇的发展滞后、人为因素、技术故障、光缆被挖等问题，科技巨头要从云计算（金融云）源头抓起，合理布局、前瞻思维，像各国中央、地方政府推动云治理一样搞顶层设计。顶层设计完善，就容易解决很多现实的云计算问题。

第一，重视云计算（金融云）安全保障体系。既要提高被动防御能力，也要主动抓制度建设。加快信息安全立法进程，加强侵犯隐私的惩戒力度。

第二，建立云计算（金融云）安全预警平台，及时识别网络安全的重大风险，有效处理信息安全突发事件。

第五章　科技巨头征信业务治理及问题破解

一、大数据征信

1. 征信大数据

征信的传统数据是银行等金融机构提供的结构化数据。据中国人民银行征信管理局披露，截至 2018 年 9 月末，在该行运行维护的金融信用信息基础数据库（即央行征信中心）中，个人征信系统累计收录信贷信息 30 多亿条，非信贷信息 66 多亿条，日均查询 477 万余次；企业征信系统累计收录信贷信息 3.5 多亿条，非信贷信息 5 100 多万条，日均查询 29 万余次。各国有大量无信用记录者和薄信用记录者（据美国 FICO 陈建 2015 年披露，美国有 5 000 万～6 000 万人，中国有 5 亿～6 亿人）没有此类传统、主流的征信数据。

随着社会经济发展，个人和企业征信出现了非传统的、多维的替代数据（Alternative Data），即征信大数据：一是各国成年人一般都拥有借记卡信息、电讯运营商信息和水电煤信息等结构化大数据。此类大数据具有规模大、覆盖面广、很有征信价值的特征。二是各类互联网平台形成的区别于传统征信数据的互联网大数据。例如，各类互联网平台的交易信息（销售量和平均销售价格）、声誉信息（索赔率、处理时间、评论和投诉）、行业信息（销售季节性、需求趋势和宏观经济敏感性）及社交信息等非结构化大数据。此类互联网大数据是从各种各样的互联网交易、浏览、登录、社交、活动痕迹中,通过文本挖掘、影音挖掘、图像挖掘而获得的。三是政府、公共部门共享的大数据。例如,中国公安部、最高法院、工商总局、教育部等公共机构的部分数据已经与征信机构共享,成为其外部数据源。四是企业丰富的"大数据"。如除传统企业财务信息来源外,从社交媒体上获得企业信息、采购信息、物流信息和供应链方面信息等。

2. 大数据征信技术

针对上述非传统的结构化及非结构化大数据,利用数据挖掘技术,将众多海量数据整合起来,经过数据处理和算法计算,可以更全面地反映被征信个人、企业的资产和信用状况。例如,美国 FICO 应用银行借记卡、电信运营商及水电煤等结构化大数据来驱动信用评分(FICO XB 评分),一推出立马解决了美国市场上的五六千万无信用记录者和薄信用记录者的普惠金融征信问题。

近年来人工智能、云计算等关键技术取得突破,表现为三大技术汇流:一是以机器深度学习为核心的算法演进,先进算法与严谨模型不断交叉验证提升数据质量;二是云计算为大数据提供了强大的存储和计算能力,使丰富的数据信息被迅速处理;三是互联网技术发展产生海量数据。关键技术的突破打造了强大的信用洞察力、决策力,使得大数据征信技术被公认为技术成熟、商业化可行性高的领域。大数据征信技术具体包括分布式数据存储与处理技术、对于非结构化与海量数据的分析技术、新的算法与建模方式等。

大数据征信技术能够将多个弱关联的特征联合在一起变成一个强的预测变量,这导致信用活动及信用评估服务方法的根本改变。一方面,大数据征信技术针对非金融数据分析和建模,能够获得与传统金融数据分析一样有价值的风险评估结果;另一方面,大数据征信技术针对缺乏传统征信数据的群体多维度"画像",使其有了可被"评判"的信用状况标准。

一句话来说,大数据征信技术通过对信贷数据和替代数据价值的挖掘,提供征信增值产品与服务,多维度评价客户信用状况,彻底改变了征信的格局。

当然,一些人士质疑大数据征信技术:一是非金融数据和征信关联度比较弱,用其分析信用效果相对有限。二是大数据征信技术的机器深度学习过程复杂(甚至程序员也不能完全了解),这导致其在信用评分方面的应用受到挑战。三是大数据技术为客户画像提供数据,低成本帮助零售商找到客户,但这并不是征信业务。

3. 大数据征信优劣势

大数据征信的主要优势:一是能够收集并处理关于客户的非财务性数据,从而提高风险评估及信贷供给和定价的效率,特别是能服务一些因为财务制度不健全,不能提供抵押品的小微企业。可以把一些原本属于关系型的贷款(指银行贷款决策主要基于通过长期和多种渠道的接触所积累的关于借款企业及其业主的相关"软"信息进行)转向交易型贷款(财务报表型贷款、资产保证型贷款、信用评分技术贷款均为交易型贷款,这类贷款决策的做出基于银行相对容易取得的"硬"信息)。二是信用评分模型高效运行,提高了信贷效率和客户体验。例如,网商银行的在线贷款是纯信用的,开创了310模式(贷款3分钟在线申请、1秒钟到账、0人工干预)。三是大数据信用评分对客户违约有一定的约束能力。鉴于网络效应和高转换成本,科技平台对客户的粘性有助于控制客户的信用风险,因为客户一旦违约,就有可能被闭环生态平台排除在外或信用降级威胁,从而丧失从平台获利的便利性,本质上是通过客户与平台之间的重复博弈来抑制客户的机会主义行为。

但大数据质量、大数据代表性等因素也会影响大数据征信的信用评分结果及风险管理能力。

二、科技巨头征信业务

基于技术和数据源优势，科技巨头从大数据征信角度介入并开拓征信业务。以蚂蚁金服为例，其旗下公司原来有两块征信业务：一是企业征信，二是个人征信试点。

2016 年 7 月 19 日，芝麻信用宣布它已经通过企业征信业务经营备案。2020 年 3 月 24 日，蚂蚁信用评估有限公司成立，由蚂蚁金服 100% 持股，提供企业征信服务。蚂蚁信用的经营范围包括企业征信业务、社会经济咨询服务、财务咨询、数据处理和存储支持服务、信息系统集成服务、软件开发、技术服务、技术开发、技术咨询、技术交流、技术转让、技术推广。

2015 年 1 月 5 日，中国人民银行印发《关于做好个人征信业务准备工作的通知》。试点机构之一的芝麻信用定位于普惠金融，收集网络金融、电商、公共机构、合作伙伴及各种用户自主递交的信用信息数据等，运用云计算、机器学习技术，利用阿里巴巴集团和蚂蚁金服集团多年沉淀下来的用户海量数据来描述及刻画个人信用，让缺少信贷记录的人群开始享受信用的便利。

2018 年年初，中国人民银行要求 8 家个人征信试点机构终止准备工作。蚂蚁金服及其旗下芝麻信用开启了个人信用信息领域"去金融化"的过程，探索金融应用之外的商业信用、个人信用。对商业、出行、租赁等服务场景和外延做了积极尝试，推出了信用购、轻会员等，希望把线下和线上打通，把阿里生态体系内的资源打通，建立全面、立体的商业信用服务体系。这样，蚂蚁金服及其下属公司的个人信用信息业务无个人征信之名，却有个人征信之实。基于阿里生态体系内信用信息生成的个人信用评分，支撑了花呗、借呗等个人消费信贷业务，风险控制运作良好。截至 2018 年 3 月，借呗对借款人发放的贷款逾期率为 1.55%，不良率为 0.82%，均低于行业平均水平。蚂蚁金服下属小贷、网商银行的联合贷业务如火如荼,也是因为商业银行看到了其信用评分、数字风控的成功。

三、科技巨头征信业务的治理

1. 治理法规

2005 年 10 月 1 日开始实施的中国人民银行《个人信用信息基础数据库管理暂行办法》规定:商业银行不得向未经信贷征信主管部门批准建立或变相建立的个人信用数据库提供个人信用信息。

2013 年 3 月 15 日,中国国务院公布的《征信业管理条例》开始实施。《征信业管理条例》第 13 条、第 18 条规定的要旨是:采集个人信息应当经信息主体本人同意,未经本人同意不得采集;向征信机构查询个人信息的,应当取得信息主体本人的书面同意并约定用途。第 27 条、第 29 条规定的要旨是:国家设立金融信用信息基础数据库(即中国人民银行征信中心);从事信贷业务的机构应当按照规定向金融信用信息基础数据库提供信贷信息。

2013 年 12 月 4 日,中国人民银行开始实施其颁布的《征信机构管理办法》。其第 5 条规定:设立个人征信机构应当经中国人民银行批准。2018 年 2 月 22 日,中国人民银行批准百行征信有限公司获得个人征信机构设立许可。

2010 年 7 月美国颁布的《多德-弗兰克华尔街改革和消费者保护法》(*Dodd-Frank Wall Street Reform and Consumer Protection Act*)为信用信息数据共享奠定了法律基础,各类征信机构都开始以市场机制解决信息孤岛问题。

2. 治理政策

2015 年 1 月 5 日,中国人民银行印发《关于做好个人征信业务准备工作的通知》,要求芝麻信用管理有限公司、腾讯征信有限公司等8家机构按照《征信业管理条例》和《征信机构管理办法》做好个人征信业务的准备工作。

2017年4月21日,中国人民银行征信管理局就个人征信试点政策公开说明:8家进行个人征信开业准备的机构目前没有一家合格,在达不到市场需求和监管要求情况下不能把牌照发出去。2018年5月27日,该局再次就个人征信试点政策宣示:前期开展个人征信业务准备的8家市场机构和中国互联网金融协会作为百行征信的共同发起人和主要股东,不再单独从事个人征信业务,原有部分征信业务将剥离并入百行征信,其他业务可存续为数据服务公司。

3. 治理思路

按照经验及惯例,直接涉及科技巨头征信业务的政策法规一般都出台较慢,因为这多需要由权威机构、人士先提出治理思路供作顶层设计,再由管理部门逐步理顺治理体系,健全法规政策。

2019年3月6日,中国人民银行官方人士表示:现在很多企业打着信用的名义做征信业务,有的有牌照,有的没牌照,下一步需要治理。但治理的过程中也需要有法律依据,希望个人信息保护法能够加快出台。

2019年1月10日,征信管理局有关人士表示:发挥大数据解决传统征信无法解决问题的优势;也要防止大数据在个人隐私、信息安全等方面的劣势。把握好大数据发展与风险防范之间的平衡,引导大数据在征信业务中的合规运用,实现覆盖全社会征信系统的总体目标。

2017年3月20日,中国人民银行征信中心有关人士就征信改革"路线图"表示:基础征信机构在数据征集基础上,将进入产业链中高附加值环节(如基于原始数据进行专业清洗、储存、建模、算法和信用洞察等整个信用价值链的技术核心环节),拓展信用产品创新研发及咨询服务等;需要培育一批中小型普通专营或兼营征信的服务机构与基础征信机构建立市场合作关系。意即基础征信机构实施垄断或独占,普通征信市场有条件开放。征信市场新进入者只能充当辅助角色,不能冲击人民银行征信中心的主流地位。一些拥有独特数据源、专业分析技术或特定行业专长的机构可以获得征信细分领域的一定发展空间。

四、科技巨头征信业务治理的问题

1. 科技巨头征信业务非独立第三方治理的问题

针对科技巨头同时涉及征信业务和信贷业务(如芝麻信用和阿里小贷、网商银行,腾讯征信和微众银行等)的现象,监管部门认为这产生了征信业务治理的非独立第三方问题。2017年4月20日,中国人民银行官方人士发布讯息,要求征信机构在公司治理结构和业务开展上确保独立,防止利益冲突。2017年7月6日,中国人民银行征信局的官方意见认为,从经济人假设、零和博弈等经济学原理出发,一家征信机构自身或关联机构与信贷机构是竞争对手,则其难以获取其他信贷机构掌握的信用数据;即非独立第三方征信机构想采集别人的数据,人家不可能给你,在业务模式上根本做不通。因此强调,独立第三方征信是国际公认的征信准则,即"信息采集者与信息产生没有任何关系"。

2. 科技巨头征信业务信息孤岛治理的问题

征信数据难以共享有政治、产权、隐私及经济等治理因素:一是各国中央政府没有建立统一的信用信息储存库,仅拥有部分信用信息数据的央行及其他政府部门之间又往往抵制数据共享,因为控制数据意味着政治权力和影响力;二是数据产权以国家或者机构为界,数据之间难以形成协同效应;三是数据隐私权属于产生数据的个人及企业,征信机构使用信用数据需要征得个人、企业同意;四是信用数据的商业价值和市场化成本使得信用信息机构将自身信用数据免费或廉价共享的动力明显不足。在此背景下,中国信用信息难以共享的表现为:其一,中国人民银行征信中心、各地方政府及行业信用信息平台与科技巨头之间是隔离的不同信用信息体系;其二,科技巨头之间又是各自独立的信用信息体系。2017 年 7 月 15 日,中国人民银行研究局有关人士指出,要注意金融科技公司垄断数据成为信息寡头,产生信息孤岛问题。

3. 科技巨头个人征信业务定位治理的问题

2018 年年初,包括蚂蚁金服、腾讯在内的 8 家机构被终止个人征信试点资格,作为主要征信市场的个人征信没有了科技巨头的位置,但科技巨头个人征信业务的定位问题似乎从未消失:一是虽然"名不正,言不顺",但蚂蚁金服及其下属公司的个人信用信息业务毕竟成功支撑了阿里巴巴、蚂蚁金服生态体系内的数字风控;二是曾被指责为"打着信用的名义做征信";三是官方推行的个人征信改革路线图无法解决传统个人征信覆盖率低、普惠金融被抑制及大数据征信技术落后等问题,无法实现覆盖全社会个人征信系统的总体目标。因此,中国个人征信业迟早还要面对科技巨头个人征信业务的定位问题,而且很可能是在错失大数据征信弯道超车的背景下重新争论此问题。

(1) 科技巨头进入个人基础征信市场特许经营的问题

2017 年 3 月 20 日,央行征信中心副主任汪路在《金融时报》发表《我国征信业顶层设计研究》表示,十六届三中全会《中共中央关于完善社会主义市场经济体制若干问题的决定》有关信用服务的关键是特许经营,特许经营体制非常适合于个人基础征信业。正确理解特许经营是最终形成有 2~3 家基础征信机构的格局。新设一家独立的、公众的但不设控股股东的基础征信机构(不设控股股东,是因为基础征信机构代表着市场经济的一种重要基础设施,为了社会公共利益的最大化,它不宜由一个民营企业家掌控)。同时,启动央行征信中心的体制改革,分别给这两家全国性的基础征信机构发放两张个人征信业务的特许经营牌照。按此逻辑,科技巨头由于既得利益者排斥及民营性质的原因而无法进入个人基础征信市场获得特许经营。

（2）科技巨头与央行征信中心关系定位问题

一方面,中国企业负债的80％、个人负债的85％为持牌金融机构所掌握(万存知,2017年),这些信贷信息被《个人信用信息基础数据库管理暂行办法》赋予央行征信中心以唯一采集权,使其具有行政垄断现实优势。并且,央行征信中心将本部门的垄断利益打包,以改革的名义希望继续得到国家政策扶持。另一方面,在金融行业之外的政府、社会、商务、互联网等信用信息大数据涌现及市场呼唤新进入者激发效率的背景下,科技巨头在互联网支付、电商交易、社交信息等大数据方面占据主流地位,具有为长尾客户提供普惠金融服务的技术、资金、行业号召力等比较优势。

尽管科技巨头被终止个人征信试点,但在个人信用信息领域,央行征信中心与科技巨头两强相争、各具优势的态势明显。人民银行系统不愿重蹈中国银联和第三方支付关系一样的覆辙,利用目前"运动员"和"裁判员"合一的行政垄断便利,希望将双方关系定位为央行征信中心整合包括科技巨头在内的其他信用信息业务。2017年1月11日,有央行征信局官员表示,先入为主,后入难超,彼此之间不具有进行同质竞争的市场基础,只有错位互补发展的内在要求。其实质就是人民银行及其下属央行征信中心既希望整合科技巨头的互联网信用信息及其大数据征信技术,又力图限制科技巨头从事征信业务(仅考虑对科技巨头开放市场空间较小的企业征信及个人征信普通专营或兼营服务),关键是科技巨头不能成为个人征信的基础征信机构。而科技巨头个人信用信息业务的发展愿景及成长空间肯定会突破人民银行个人征信治理路线图预设的普通专营或兼营征信服务机构的定位,不会满足于充当个人征信市场补缺和错位的小角色。总之,双方对彼此关系的定位完全没有共同语言。

（3）科技巨头与百行征信关系定位问题

百行征信于成立之初对股东的选择可谓"深谋远虑"，其本意是要将央行征信中心未能覆盖的个人客户信用数据悉数纳入，构建一个海量的数据库，但科技巨头股东芝麻信用、腾讯征信不愿为百行征信提交任何个人信用信息数据，认为提交数据涉及用户隐私问题，自己没有任何权力可以把这些数据交给另一家未经用户授权的商业机构。

由于科技巨头目前尚未进入个人征信市场，双方的竞争关系是"关公战秦琼"般的无从开展，信用数据合作只是百行征信的一厢情愿。

五、科技巨头征信业务治理的问题破解

1. 科技巨头征信业务治理的非独立第三方问题破解

利益冲突是普遍存在的社会现象，征信业有一系列防范、规避、豁免利益冲突的举措：一是征信组织机构具有独立性；二是设置内部防火墙；三是引入独立董事；四是采用独立第三方；五是公众监督条件下豁免。其中，独立第三方只是防范、规避、豁免征信机构利益冲突的手段之一，另外还有其他经济、法律、政治等综合治理的手段，不需神圣化独立第三方的作用。并且，独立第三方的征信机构利益冲突问题也不少。例如，2007年，独立第三方的美国三大信用评级公司陷入增加业务收入与次级债券（Subordinated Debentures）客观公正评级之间的利益冲突，最终引发次贷危机（Subprime Crisis）。

根据美国经验，监管没有要求征信机构必须是独立第三方，至于非独立第三方征信机构的发展前景，要看市场的选择。美国高盛集团（Goldman Sachs）控股三大征信局之一 TransUnion（持有 39.7％的投票权和经济利益分享权）。同时，高盛集团开设互联网银行 GS Bank（2017 年 9 月底，GS Bank 个人在线存款达 1 327.61 亿美元），并没有受到所谓非独立第三方的限制。

总之,科技巨头征信业务非独立第三方问题不必过度渲染,更不应该成为限制科技巨头开展征信业务的理由。

2. 科技巨头征信业务治理的信息孤岛问题破解

针对征信业务治理的信息孤岛问题,中国人民银行官方的破解方法是:若干人、若干经济组织,从自愿共享客户信息的角度出发,联合起来申办一家个人征信公司,是完全可能的。此即借鉴欧洲自上而下信息共享的行政化加市场化方法成立百行征信。百行征信自 2019 年 5 月 5 日面向机构开放查询以来,其征信产品日查询量超 40 万笔。截至 2019 年 8 月末,它已与 1 071 家机构达成了信息共享意向,与 165 家机构已实现信息共享;其已采集借款人数逾 7 140 万,信贷账户数逾 1.12 亿。但远未实现将人民银行征信中心未能覆盖的个人、企业信用数据悉数纳入,实现构建一个海量数据库的目的。并且,由于百行征信的商业性质及科技巨头大多数信用信息的非金融性质,金融监管部门无权要求腾讯、阿里巴巴等科技巨头对央行征信中心、百行征信共享数据(连目前公共性质的央行征信中心也只能在金融领域运用政府权威把银行的信贷数据统一归结到其数据中心)。一句话,没有科技巨头的信用信息共享,央行征信中心、百行征信的大数据就缺乏实时性和丰富性,其他小打小闹的机构共享无关解决信息孤岛的大局。

当然,央行征信中心、百行征信、科技巨头之间的信用信息业务也可以借鉴美国自下而上信息共享的市场整合方法,按市场价格、自由竞争获取各方的信用数据,相互统一不同数据格式的标准,最后形成一个相对完整的数据共享征信报告。

人工智能时代征信数据的信息孤岛问题其实还有更好的破解之道:可以通过云计算在云端建立一个枢纽,通过移动互联网直接跟各个数据所有者进行连接,在云端设计加密算法,确保信用信息加密后不可识别,保障各个所有者的数据所有权、数据安全及背后的消费者隐私保护,形成充分的用户画像,以此来破解包括央行征信中心、百行征信、科技巨头信用信息业务在内的征信数据孤岛问题。

3. 科技巨头个人征信业务治理的定位问题破解

（1）科技巨头个人基础征信特许经营问题的破解

首先，个人基础征信机构不宜由一个民营机构掌控，这与党的十八届三中全会提出要"进一步破除各种形式的行政垄断""制定非公有制企业进入特许经营领域具体办法"的精神不符。"特许经营"不是给现有既得利益者特权，不能以此排斥科技巨头进入及控股个人征信业。其次，国际经验表明，基础征信机构不宜由一个民营机构掌控是一种落伍的观念及做法。目前国际上占主导地位的信息基础设施主要是诸如 Google、Facebook、阿里巴巴、腾讯等民营实体。在个人征信领域同样如此，国际领先的美国三大个人征信局都是市场化民营机构。最后，有数据源、技术、资金和管理优势的科技巨头才能真正搞好大数据基础征信机构特许经营。目前阿里巴巴和腾讯等科技巨头的超级数据中心的庞大数据规模及大数据处理能力是人民银行征信中心及百行征信望尘莫及的；并且，科技巨头超级数据中心支撑其各类业务，能够产生范围经济效应，避免了单一用于征信领域的投入、产出不匹配。总之，允许具有大数据创新基因的科技巨头进入个人征信业，有机会培育出具有国际竞争力的基础征信机构。

（2）科技巨头与央行征信中心关系的问题破解

首先，央行征信中心在个人、企业征信的重要内容——社会信用信息、商务信用信息、持牌金融机构之外的负债信用信息（如个人、企业与非持牌金融机构在各种消费中形成的赊购、欠款、民间借贷等，公权机关所掌握的个人、企业在履行法定义务中形成的负债、欠款等）中根本不是主流；并且，受信息提供者和信息使用者的核算基础、管理体制、技术保障等因素所限，央行征信中心对上述信用信息于现在和未来都做不到全覆盖。其次，未来互联网信用信息数据的多元、海量、非结构化及在线实时互动，会更加真实全面地反映信用信息状况，使央行征信中心信贷信息数据地位相对下降。最后，国家没有赋予中国人民银行在金融信用信息之外单独的信用信息监管权。国家"社会信用体系建设部际联席会议"由发改委和人民银行双牵头；发改委设立国家公共信用信息中心，负责中央、各地、各行业的信用信息数据库建设、指导和应用服务。

由上可知，行政垄断下持牌金融机构信用信息范围内央行征信中心确实处于主流地位，但在广义及创新条件下央行征信中心信用信息主流地位是超越权限的，也是不可能完成的任务。科技巨头信用信息业务与央行征信中心彼此的竞争关系并非只有新进入者服从现有格局、错位发展的市场定位，而是有机会后来居上、弯道超车。双方合作的基础是双方数据库存在数据互补关系，可以市场化付费获取对方数据，使得各自的信用模型更为精准。关键在于政府治理不能因为构建国家层面统一的个人征信平台而忽视竞争才能带来的个人征信多样化、市场化、高效率的需求。

（3）科技巨头与百行征信关系的问题破解

科技巨头一旦获得个人征信市场准入，由于科技巨头与央行征信中心信用信息数据源区别较大，双方短期内相安无事，长远才有竞争、替代关系；而科技巨头与百行征信之间则是市场化征信模式的直接竞争、替代关系。

双方各有优势：科技巨头有数据源、技术、资金、市场影响力优势，百行征信有第三方独立、央行扶持等优势。两者的竞争、合作关系主要体现在大数据征信创新及市场化征信模式领域。

两者的大数据征信创新可以借用监管沙盒（Regulatory Sandbox）方法，为科技巨头、百行征信分别提供"监管实验区"，即让科技巨头、百行征信都获得商业银行数据有限开放，结合各自的数据来源及应用场景进行测试，监管部门对测试过程进行监控、评估，以判定是否给予正式的监管授权。两者大数据征信做到一定规模之后，随着其保护个人隐私和信息安全水平的提高，商业银行可以扩大其共享数据的深度和广度。

两者市场化征信模式的竞争、合作可以借鉴美国经验，即政府对两者的市场化征信模式不加干预，两个新进入者之间既充分竞争，又互相对接数据、统一标准、合作代理。两者主要向"类信贷"领域延伸业务，发展基于数据的征信衍生产品和增值服务。

第六章　金融科技巨头垄断治理及完善

一、金融科技巨头垄断

金融科技巨头用各种方法"赢家通吃"，要么击败竞争对手，要么兼并竞争对手。金融科技巨头获得垄断权力及利益的同时，造成了公众、行业及社会的诸多负外部性。

1. 击败竞争对手

（1）滥用市场支配地位的垄断行为

金融科技巨头击败竞争对手的垄断行为主要是滥用市场支配地位进行恶意的不兼容、屏蔽、价格歧视、限制交易、交叉补贴，排他性的关联服务、捆绑销售，甚至与政府部门合作垄断等。例如，一些金融科技巨头价格歧视行为："一家独大"的双边市场平台具有匹配供需双方的市场属性，将买卖双方特别是市场买方分成一个个独立个体，截断消费者的搜寻行为，使之在某种惯性下无选择地购买服务，供需两侧同时失去竞争性，平台成为唯一"知情者"，一般意义上的市场价格竞争不存在了。又如，2020 年 3 月 27 日，杭州市直接发放 16 亿元支付宝消费券，并没有提前进行支付平台合作公开招投标，消费券只能通过支付宝领取及消费，这违反《反垄断法》第 32 条："行政机关和法律、法规授权的具有管理公共事务职能的组织不得滥用行政权力，限定或者变相限定单位或者个人经营、购买、使用其指定的经营者提供的商品。"再如，亚马逊 AWS 在基础云计算市场占有 48％的份额（Gartner 2018

年数据)。由于亚马逊规模巨大,许多第三方卖家依赖通过亚马逊接触客户,但同时也在与亚马逊 AWS 产品进行竞争。有批评人士认为,亚马逊的这种角色冲突威胁竞争。此外,批评人士还怀疑亚马逊偏袒和自家 AWS 合作的公司,"惩罚"过那些与其他云服务提供商合作的公司。

(2)滥用数据、算法的新垄断行为

金融科技巨头与传统巨头的根本区别是拥有数据、算法的优势,利用这些优势来击败竞争对手,是滥用数据、算法的新型垄断行为。

数据资源是金融科技巨头的核心资产,滥用行为容易引发数据产权归属不清、数据隐私侵权、数据拒绝分享、数据经营者集中等问题。一些金融科技巨头滥用客户数据弄巧成拙为数据泄露。例如,2018 年 1 月 5 日,支付宝年度晒账单,涉及芝麻信用把客户信息透露给第三方支付宝。虽然同属于蚂蚁金服旗下,但是芝麻信用和支付宝是相互独立的两家公司,公众质疑这是否造成用户信息泄露,蚂蚁金服回应:晒账单披露的信息需要重新获得用户授权,不会滥用数据,蚂蚁金服视用户隐私保护为生命线。

一些金融科技巨头积累和控制着海量用户数据,具有锁定消费者或商家的力量;并根据数据对用户进行分类管理,利用算法实施歧视性定价。

还有金融科技巨头利用数据深度挖掘技术,通过滥用客户数据等行为,开展金融科技多领域生态布局,将在某个金融科技细分市场中已有的支配地位直接"跨界传导"到其他相邻市场中,在相邻市场造成明显的用户锁定,以扩张垄断地位,实现所谓"跨界垄断"。

2. 兼并竞争对手

金融科技细分市场上纷纷上演巨头"合并同类项",市场集中度不断提升,"一家独大"或"寡头垄断"的格局日趋强化。金融科技巨头的兼并主要是为了扩大规模经济和获取网络效应的红利,也是获得新技术、新模式、新市场"优先购买权",向上下游延伸竞争优势的有效手段。例如,2019 年 2 月 14 日,蚂蚁金服以 7 亿美元收购了英国跨境支付企业万里汇(WorldFirst)。这是被美国外国投资委员会(Committee on Foreign Investment in the United States, CFIUS)在 2018 年年初叫停蚂蚁金服并购美国跨境支付公司速汇金(Moneygram)之后的类似并购。并购的目的是扩大其所能够触达的地理区域和服务的客户范围。根据彭博(Bloomberg)2019 年汇编的数据,Alphabet、亚马逊、苹果、Facebook 及微软在过去的十年间总共进行了总价值 1 310 亿美元的436 笔收购。

3. 金融科技巨头垄断的负外部性

首先,金融科技巨头垄断的负外部性聚焦于算法。垄断的算法充当着金融投资者、消费者的"保姆",决定该买什么、该想什么。垄断的算法在极大程度上便利民众的同时,其隐含的设计者可能的偏见和利益将人们引向负外部性,直接对其服务的客户、投资者造成损害。例如,金融科技巨头为抽取更多佣金,编码智能投顾算法时就可能会向客户推销评级低的债券。

其次,金融科技巨头垄断颠覆性地冲击着现有的金融系统。金融科技行业强者恒强、弱者恒弱的马太效应(Matthew Effect)更为明显。即便新的竞争者拥有更好的产品、模式或更雄厚的资金实力,但想要打破既有的垄断格局也是很难的。这扩大了金融科技巨头周围的"死亡区",导致"大树底下不长草",抑制了中小机构的创新发展,也削弱了金融市场竞争,损害了金融行业的整体利益。

最后,金融科技巨头垄断改变了社会、国家及世界的实力平衡。金融科技巨头博弈的对象,除了行业,就是政经面居多,与当局政策、跨国贸易金融规则博弈的程度加深。一些巨头所做的事情已经是政府该做的事情。例如,谷歌母公司"字母表"(Alphabet)首席财务官露丝·波拉特(Ruth Porat)在 2019 年瑞士达沃斯世界经济论坛上表示,谷歌公司最初的任务是"将全球的信息组织起来,使人们可以普遍获取和使用这些信息",但这更像是解决社会问题的政府政策,而不是做互联网生意。乔治·索罗斯(George Soros)在2018年瑞士达沃斯世界经济论坛上表示,金融科技巨头的规模和垄断行为已经使它们对社会造成威胁,破坏民主。

二、金融科技巨头垄断的治理

当金融科技巨头的势力被错误使用时,需要依靠恰当的公共政策(主要是竞争政策)约束其经济势力,在经济势力和社会控制之间寻求平衡。各国根据自身国情,进行了各具特色的反垄断。

1. 欧洲、印度金融科技巨头的反垄断模式

(1) 反垄断国情

欧洲具有反技术垄断的历史渊源和思想基础。19世纪英国工人奈德·卢德(Ned Ludd)率先砸碎了两台纺织机,迫使工厂停产,以争取生存权利,开启了反技术垄断之先例。"新卢德主义"(Neo-Luddism)呼吁人们放下"效率至上"的技术狂热病,反对用技术解决所有问题,视现代技术为重大威胁。此渊源和思想影响了欧洲官员、知识分子对技术的不宽容、不信任及对科技公司权力扩张的警惕,指导了欧洲金融科技巨头的反垄断。印度长期受英国殖民,其经济政策深受英国治理体系的影响,是最早颁布反垄断法的12个发展中国家之一。

欧洲、印度自身没有金融科技巨头,利益相对超脱,可以将立法天平更多地倾斜于保护用户、初创企业及独角兽(如印度支付机构Paytm、支付网关BillDesk、互联网保险PolicyBazaar和支付机构PineLabs等)权益上,而不用担心过于严苛的处罚会阻碍当地科技创新及巨头向政府纳税。

（2）欧洲、印度针对金融科技巨头的反垄断行动

一是德国联邦卡特尔局（Federal Cartel Office）于 2016 年 3 月启动对 Facebook 涉嫌滥用市场支配地位欺压用户的调查。Facebook 胁迫用户同意其收集、合并、使用用户数据，不同意这样做的用户则被拒绝在 Facebook 全球近 30 亿之众的社交网络之外。2019 年 2 月，Facebook 被裁定构成反垄断法的"交易条件滥用"。此裁决将数据隐私保护与市场支配地位滥用结合，被业内专家认为极具创新性。法国、英国监管机构均因 Facebook 的数据使用问题相继开展了类似的反垄断调查。

二是欧盟于 2017 年 6 月针对谷歌区别对待自身购物服务及竞争对手同类服务的行为开出了 24 亿欧元罚单，处罚谷歌在其搜索结果中优先显示谷歌自己的购物服务，滥用其市场主导地位。

三是印度竞争委员会（Competition Commission of India）正在审查于 2020 年 3 月提交的一份申诉，该申诉指控 Facebook 旗下即时通信应用 WhatsApp 将其数字支付手段 WhatsApp Pay 捆绑在消息应用程序当中，使其得以滥用其市场支配地位，并借此进入印度的数字支付市场。

2. 美国金融科技巨头的反垄断模式

（1）反垄断国情

美国反垄断的理论、立法、执法经历了执牛耳到实用主义运用的变迁。

反垄断法起源于美国的反托拉斯立法。1890 年，美国颁布《谢尔曼法》（*Sherman Act*），随后又补充了《克莱顿法》（*Clayton Antitrust Act*）和《联邦贸易委员会法》（*Federal Trade Commission Act*）。标志性的反垄断执法为 1911 年的拆分标准石油公司（Standard Oil）、1984 年的拆分美国电话电报公司（AT&T）。但 20 世纪 80 年代以来各国经济政策导向转为放松管制，芝加哥学派（Chicago School）创立现代反垄

断理论,其认为并购产生的经济效率提升足以超越对企业规模的任何担忧,这使美国的反垄断执法产生了动摇。1997 年,美国司法部针对微软(Microsoft Corp.)网页浏览器绑定视窗操作系统的做法发起分拆诉讼,经初审、上诉法院博弈,最后达成和解。

科技巨头是美国国家竞争力的最大发动机,掌握了太多经济和政治实力,改变了美国的力量平衡。但目前美国科技巨头(世界股票市值排名前六位的苹果、微软、亚马逊、谷歌、Facebook 等)并没有微软遭遇反垄断时在世界上的绝对优势地位,因其面临着中国科技巨头的激烈竞争。由此,美国科技巨头的反垄断政策不再局限于国内市场,而主要根据国际市场结构来评估垄断行为及采取对策。一句话,美国国内的反垄断不会殃及自身。

当年美国司法部与微软竟可以达成和解,这是基于美国国家利益的本位观;实用主义的执法只能是既传递反垄断的明确信息,又要将惩罚之鞭高高举起、轻轻放下。目前美国金融科技巨头的反垄断政策主要是以波音-麦道兼并案的处理原则来拟定(当年波音-麦道兼并损害的是欧盟空中客车的利益,美国政府促成其合并。而当年遥遥领先的微软垄断主要损害的是美国其他软件公司的利益,产生了对其拆分的压力,虽然最终和解)。

(2)美国针对金融科技巨头的反垄断行动

一是亚马逊、谷歌云计算业务被美国反垄断监管部门"盯"上。2018 年以来,美国联邦贸易委员会(Federal Trade Commission,FTC)一直在调查亚马逊公司云计算部门(AWS)有无"歧视"那些与之竞争、争取相同客户的软件公司。当然,FTC 调查并不一定会导致对该公司的执法行动。另外,美国司法部也正在调查谷歌于 2019 年 6 月 7 日斥资 26 亿美元收购数据分析公司 Looker 的交易是否会损害竞争。Looker 是一家为企业提供工具分析存储在云计算中数据的公司,旗下业务与亚马逊和微软的相关云计算产品构成竞争。

二是美国司法部负责反垄断事务的副部长马肯·德尔拉希姆

(Makan Delrahim)于 2019 年 6 月 12 日警告科技巨头,没有商业意义的收购视为垄断。反垄断监管机构可能会调查科技公司围绕产品开发进行的收购,评估收购是否具有商业意义,分析收购目的是否只是在于阻碍或抑制竞争。

三是针对 Facebook 加密货币 Libra 的反垄断调查。2019 年 6 月,Facebook 宣布 2020 年推出天秤座数字货币 Libra,希望借助天秤币,通过旗下的移动社交工具提供转账等互联网金融活动。由于 Facebook 拥有近 30 亿用户,尽管其数字货币尚未推出,但各种反垄断调查接踵而至。2019 年 7 月 24 日,美国司法部(the United States Department of Justice)表示正在展开一项广泛的反垄断调查,以确定占主导地位的 Facebook 发币是否在扼杀竞争。2019 年 10 月 23 日,美国众议院金融服务委员会召开 Facebook 加密货币 Libra 项目听证会,议员们质疑扎克伯格(Mark Elliot Zuckerberg)其全球支付系统是否存在隐私和垄断问题。

四是美国国会针对四大科技巨头同时进行反垄断调查。2020 年 10 月 7 日,美国国会公布了一份针对四大科技巨头的反垄断调查报告,认定谷歌、苹果、亚马逊和 Facebook 在关键业务领域拥有“垄断权”,确实滥用了其在市场上的主导地位。四大科技巨头们在搜索引擎、应用商店和社交媒体上积累了巨大市场份额,能够利用它们在某个业务领域中积累的数据,为扩展相关业务领域获取巨大的优势。美国众议院司法委员会反垄断小组建议,将四大科技巨头的业务进行“结构性分离”,不应同时控制和竞争相关业务。不过,调查报告并未明确建议分拆这几家公司。

3. 中国金融科技巨头反垄断模式

(1) 反垄断国情

由于主要产业由国有企业经营,发展中国家政府对反垄断普遍不感兴趣。为了维护国企利益,国家在一些部门(如铁路、水电煤等基础设施行业)排除市场竞争,这使得大量自然垄断、行政垄断行业放任无羁。尽管 2008 年中国已颁布《反垄断法》,但作为转型中的发展中国家尚不可能完全建立一套崇尚竞争、反对垄断的法律制度。

由于《反垄断法》在国内执法不严,当前中国政府反垄断调查集中在具有市场支配力的外资企业兼并和垄断行为。自 2011 年以来,总计 28 亿元的国家发改委反垄断罚单中,超过 3/4 落到外资企业头上。

中国科技企业一定程度上受到国内反垄断立法、执法的保护,快速成长为具有世界竞争力的科技巨头,如阿里巴巴、腾讯、字节跳动、蚂蚁金服等。这种基于国家利益的反垄断执法具有倾向性,倾向性就是政治。

(2)中国针对金融科技巨头的反垄断行动

目前中国金融科技巨头反垄断主要是金融监管机构、官员舆论先行阶段。2017 年 9 月 17 日,有中国人民银行官员质疑,蚂蚁金服是一个大平台,很可能是一个垄断的平台。2017 年 8 月 30 日,中国证监会也有官员强调,"有个别货币市场基金(即余额宝),规模巨大,规模已经超过了比较大的银行的个人存款余额(包括活期和定期)。对此,不仅要适用普遍的流动性管理规定,还得适用特别规定。规模大的要有点闪失,一家也能构成系统性风险。"2018 年 11 月 2 日,中国人民银行发布《中国金融稳定报告(2018)》,将"垄断"纳入影响金融稳定的高度警惕对象,并指出非银行支付机构应当"防止市场垄断"。

2020 年 8 月 1 日,《证券时报》披露,国务院反垄断委员会已在考虑是否对支付宝及微信支付进行调查,原因是中国人民银行认为这两家数字支付巨头利用其市场主导地位压制竞争。但是否决定调查,尚无下文。

三、金融科技巨头垄断治理的问题

1. 过度聚焦消费者影响产生的反垄断规避问题

芝加哥经济学派(Chicago School of Economics)反垄断理论关注

点停留在消费者利益上，影响了一些竞争监管机构（尤其是美国）只关注是否价格上涨和消费者满意度，这对于科技巨头的反垄断执法并无助益。例如，由于 Facebook 免费提供服务，监管机构并不担忧其于2014 年 220 亿美元收购 WhatsApp 会提高消费者价格，没有采取任何反垄断行动。

金融科技巨头认为，它们彼此之间竞争激烈，占据绝对市场份额的同时，依旧以合理的价格甚至降低的价格提供卓越的商品或服务，消费者青睐自己，竞争监管机构为什么要惩罚成功呢？例如，2017 年 9月 18 日，蚂蚁金服总裁回应垄断指责时表示：当前各个平台之间是互相充分、公平地竞争，没有一家能主宰规则。科技是规模性地解决碎片化的、小微的、难以满足的金融需求（即普惠金融）的最佳方案。

这样，金融科技巨头利用了目前反垄断法过度关注消费者影响的偏差，巧妙地规避了竞争监管机构，唱着当代反垄断的调子走向垄断。

2. 金融科技巨头反垄断的政治问题

2009 年 5 月 13 日，欧盟委员会裁定英特尔（Intel Corporation）打压竞争对手超威半导体公司（AMD）垄断罪名成立，对其罚款 10.6 亿欧元。英特尔前董事长克雷格·贝瑞特（Craig R. Barrett）指出，欧盟处罚英特尔内含政治因素，诉讼毫无证据显示英特尔损害了消费者利益。2014 年 11 月 27 日，欧洲议会投票通过了督促反垄断机构拆分谷歌欧洲业务的动议。尽管欧洲议会没有拆分某一家公司的权力，但可以向欧盟委员会施加采取反垄断措施的压力。美国国会议员谴责欧洲议会将谷歌事件政治化。总之，欧盟议员、官员当上了全球科技行业"警察"角色，欧盟政治干预正成为科技巨头的大麻烦。

美国自由市场上的竞争失败者一直试图通过政府渠道来补偿自己的经济损失，反对大企业成为很好的赢得选票的政治。工会领袖、政治人物、农民和小城镇居民代表促成一系列反垄断法出台。但反垄断法案引发了众多观点分歧，给法官和律师带来极大的困惑和混乱。一句话,美国企业规模庞大时,控制它们的政治力量也随之增长。

在中国管制经济盛行及法制有待完善的背景下,科技巨头反垄断执法主要应对不时爆发的社会情绪,往往超越了经济、法律,直接成为政治问题。

3. 金融科技巨头垄断的"一元治理"问题

金融科技"一元治理"是指以金融监管机构为唯一治理主体,以内部规范、行业发展、防范金融风险为主要治理目标。

金融科技"一元治理"模式下,尽管一些金融监管部门舆论先行反垄断,但受权力边界限制,其不得行使市场竞争规制权力。而反垄断执法机构缺乏相应的金融科技专业性,一直不敢在金融科技领域轻举妄动。这样就使得金融科技巨头反垄断执法实践陷入尴尬境地。金融监管机构在金融科技巨头反垄断领域扮演了矛盾的角色:一方面,"一刀切"金融监管层层加码,增加了金融科技行业进入壁垒,削弱了新进入者的竞争实力,助长了金融科技巨头的垄断地位;另一方面,金融监管机构一直渴望削弱金融科技巨头的垄断地位,帮助与其有利益纠葛的传统金融机构拓展金融科技业务。

四、金融科技巨头垄断治理的完善

1. 纠正反垄断过度关注消费者影响

与其教条地套用并购对消费者价格影响的常规反垄断理论,不如考虑采取替代性工具来进行考量。一种方法是将金融科技反垄断调查范围以外的隐私保护结合起来考虑,如德国联邦卡特尔管理局(Federal Cartel Office)将 Facebook 欺压用户与损害客户隐私结合起来进行反垄断调查。另一个方法是对金融科技巨头的大数据控制权进行反垄断质疑,如阿里巴巴和蚂蚁金服收集超过 10 亿用户的网购及支付数据,Facebook 和谷歌对消费者数据同样有大规模的垄断控制,并以此为依据推送个人化的广告及搜索结果。替代性工具可以避免金融科技巨头反垄断理论的偏差,有效认定垄断。同时,可以参照1956 年美国强制贝尔实验室(Bell Labs)对所有后来者开放专利授权,使得许多硅谷企业获得创新和成长空间的做法,对目前金融科技巨头提出同样的要求,释放新一轮创新力量。

2. 金融科技巨头反垄断的政治完善

一是国家及反垄断部门层面的政治完善。反垄断政治目标既要杜绝成为非关税贸易壁垒、极端国家利己主义的政治手段,又要维护正当的国家利益、消费者权益,保障民主等。美国前总统富兰克林·德拉诺·罗斯福(Franklin Delano Roosevelt)曾经表示,民主是反垄断法的政治目标之一,因为经济力的过度集中将孕育反民主的政治压力。

二是金融科技巨头层面应对反垄断政治问题。一方面,应对反垄断国内政治。既要成竹在胸,即全球招商、企业用脚投票的时代,政府反垄断政治上会权衡利弊,尽管巨头们官司缠身,近年来只是被罚款了事,没有被使用拆分手段,点到为止;同时又要高度重视,最大的反垄断风险是政治变化风险。金融科技巨头要把握政治方向,合法地为自己游说权益(尽管中国没有游说制度,但政策具有游说空间);强调自身发展阶段类似波音-麦道兼并时期,即国内具有主导份额,但面临激烈国际竞争,需要政府继续营造宽松环境。另一方面,应对反垄断地缘政治。金融科技巨头面临的海外反垄断风险持续走高。一些新兴市场的金融科技在地化服务开始成规模、成体系(如印度),金融科技巨头作为异域组织,遭遇排斥的可能性提高。因此,营造共同利益,融入当地社会,尊重主权国家政治意志,这是金融科技巨头地缘政治的当务之急。

3. 金融科技巨头垄断的"二元共治"完善

竞争执法机构与金融监管机构的治理目标不同,但在保护金融科技消费者权益等领域又存在目标交集。因此，竞争执法机构与金融监管部门在对金融科技巨头垄断的治理方面有"二元共治"协同的必要性及可行性。

金融监管机构与竞争执法机构之间没有直接联系，其"二元共治"的协同机制必须由上级权力机构对二者的权力边界、合作与冲突进行总体协调。一方面，竞争执法机构拥有最高的垄断规制权，可直接对金融监管机构涉嫌金融科技巨头垄断的监管行为进行反垄断执法，金融监管机构必须配合；另一方面，主导金融科技巨头反垄断的竞争执法机构，必须由金融监管机构提供专业支持。必须保障金融监管专业判断在反垄断的决策与执行过程中具有实质的权力。

当然，金融监管部门的反垄断专业建议应该基于竞争、效率及消费者福利，而非帮助传统金融机构争取市场份额及利益分配；不能对自己眼皮底下的"运动员"兼"裁判员"的行政垄断视而不见（如央行征信中心的行政垄断），又不能容忍金融科技巨头的市场垄断。

第七章　金融科技巨头公共政策选择及变迁的政治经济学分析

前面分析了对科技巨头在支付、理财与信贷、金融云、征信、市场垄断等领域的治理及完善，治理工具就是公共政策，即各领域一系列金融监管部门、竞争监管部门和数据隐私监管部门的狭义公共政策以及超越三个监管部门的立法、司法广义公共政策。优秀的金融科技企业在公共政策引导下成长为具有强大政治、经济、社会影响力的巨头，但习惯了大企业权力及到处"受宠"之后，如今金融科技巨头在公共政策选择及变迁中却经常受限制、被禁止，一些板上钉钉的公共政策甚至出现逆转。这是怎么了？"不是我不明白，是这世界变化快"。这里先介绍目前占支配地位的公共政策选择及变迁政治经济学分析框架，然后应用分析框架解剖金融科技巨头的典型案例；不探讨金融科技巨头涉及的公共政策之好坏、利弊及价值取向，而是研究其公共政策选择及变迁的背景、条件、特点及结果，分析金融科技巨头公共政策受限制、被禁止甚至逆转的原因，指出如何突破公共政策背景、条件及特点的束缚及边界，实现扩大金融科技巨头公共政策空间的目的。

一、公共政策选择及变迁的政治经济学分析框架

政府做出公共政策决策，配置公共资源，治理社会、公民和组织间的互动行为。在政治经济学领域先后出现过研究公共政策占支配地位的马克思主义的阶级分析理论，以奥尔森（Olson）为代表的公共选

择理论,以爱利森(Allison)为代表的官僚政治学方法及以本内特(Bennett)为代表的国家利益方法。

在前人理论基础上,哈佛大学国际发展研究所和肯尼迪政府学院的梅里利·S.格林德尔(Merilee S. Grindle)、约翰·W.托马斯(John W. Thomas)通过研究各国一系列公共政策案例,系统化提出了公共政策选择及变迁的背景、条件及特点三个关键环节之间相互关系与结果的政治经济学分析框架。首先,背景包括两方面:一是决策者在自身价值观、专业、等级权力关系及信仰基础上形成的政策偏好;二是历史的、国际的、政治的、经济的国家特征。其次,公共政策所处的特定条件影响重大。危机情景让高层决策者关注宏观政治的稳定性与合法性,经常推出创新性政策;常态情景由中层决策者关注微观政治的成本和收益,往往是渐进式政策出台。最后,公共政策的特点决定冲突的舞台及所需的资源。公共政策的特点明确了由谁承担成本和收益,决定了政策推行和维持的社会或官僚层面冲突,也指明了克服对政策的抵制所需要的资源类型。

梅里利·S.格林德尔、约翰·W.托马斯的分析框架还指出决策者、管理者在什么程度上能够改变公共政策的背景、条件及特点所形成的束缚及界限,开拓公共政策的广阔空间。首先,驾驭公共政策的背景因素。个人背景给予决策者在共同价值观、职业训练、共同经历、等级权力关系及共同政治信仰等基础上获取公共政策支持的机会。历史的、国际的、政治的、经济的国家特征作为公共政策的界限,也为决策者提供了很有价值的洞察力,帮助设定可以实现的公共政策目标;同时,这些因素能为公共政策的决策者、管理者提供调动社会利益集团的各种资源,培植公共政策的支持力量,或培养社会对公共政策的承受力,抓住最佳的公共政策引入时机。其次,驾驭公共政策的条件。决策者、管理者拥有改变他人关于特定公共政策条件(危机或常态情景)看法的能力。例如,一些拥护某项公共政策的人经常制造危机观点,从政府外部增加决策者压力,引起上层官员注意,来加强采取重大公共政策行动的紧迫感及可能性。而当危机感引起社会不理智、不恰当反应时，又努力减少公共政策压力，把问题转移到中层技术官员，提出渐进式方法或制定灵活的推进时间表。再次，驾驭公共政策特点。公共政策特点分两类：第一类是政策成本分散化，大部分由民众分担；政策收益集中于政府；管理或技术含量低；广泛参与；集中的收益总体不能抵消散布的成本。第二类是政策成本集中于政府，公众一般不会直接或迅速感受到；政策收益分散化，并且较长期间才会显露出来；管理或技术含量高；有限参与，排除了过程监督。由于改变了受众的现状及既得利益，所有的公共政策在其制定和维持过程中肯定会遇到反对者抵制。于是，第一类公共政策的特点易于引发公众层面冲突；第二类公共政策的特点易于产生官方层面抵制。最后，驾驭可得的资源。公共政策特点可以预测冲突类型，决策者及管理者就应该评估维持公共政策所需要的资源（政治、财政、管理、技术等资源）是否存在，是否可以被获取，以创造一个更具支持力的环境，使公众和官僚的反对最小化。其中，政治资源尤其重要。政治资源不仅仅是观察多少人、多大比例人口支持特定公共政策，而且还必须评估其政治效能。潜在政治效能依赖于特定公共政策支持者的分布、组织及社会经济地位三个因素。

二、亚马逊纽约第二总部（补贴优惠公共政策）逆转案例分析

2017年9月，亚马逊（Amazon）宣布将在西雅图总部之外设立第二总部，称第二总部将投资50亿美元并雇用50 000名员工，鼓励各地政府给予自己税收优惠等激励措施，这吸引了北美238座城市进行角逐，成为轰动一时的国际新闻。2018年11月，亚马逊敲定第二总部一分为二，纽约皇后区长岛市、弗吉尼亚州水晶城为最后赢家。但是，纽约（尤其皇后区）政界人士、活动人士及社区居民却开展大型抗议活动，反对政府承诺向全球最富有、最强大的亚马逊公司提供近30亿美元的

税收减免,担心亚马逊第二总部的设立会导致社区贵族化及政府可能会削减其他公共福利来弥补给予亚马逊的优惠。

与积极争取亚马逊第二总部的民主党之纽约州的州长、市长截然不同,激进的民主党进步派人物亚历山德里娅·奥卡西奥-科尔特斯(Alexandria Ocasio-Cortez)等指控亚马逊第二总部要求巨额减税优惠是贪婪,并质疑亚马逊公司、州长安德鲁·库莫(Andrew Cuomo)及市长白思豪(Bill de Blasio)以保密及提高办事效率为由违反程序正义,把其他地方官员及存在重大利害关系的其他人排除在谈判过程以外,且此减税优惠公共政策没有要寻求市议会批准的计划(市议会项目获批往往需要花费数年时间)。

2019年2月14日,亚马逊宣布撤销在纽约市建立第二总部计划。亚马逊博客写道:"尽管民意调查显示70%的纽约人支持我们的计划和投资,但一些州和地方政界人士已明确表示,他们反对我们的存在,不会与我们合作。"亚马逊纽约第二总部(即税收优惠的公共政策)逆转,引发满城风雨,争论不休。纽约州长希望亚马逊再给一次机会,纽约各界于2019年3月1日在《纽约时报》刊登挽留亚马逊的公开信,但亚马逊纽约第二总部项目最终还是无可奈何花落去。

2019年2月14日,《纽约时报》刊文指出亚马逊纽约第二总部逆转的关键是"不懂政治"。而一些亚马逊员工也表示,不应该盲目地认为亚马逊在世界各地都会受到欢迎,第二总部项目优先考虑保密而不是搞好关系其实是自缚手脚。"激励措施方面的谈判其实不难。难的是赢得人心,但亚马逊没有做任何事情去换取人心。"这种点评击中要害,但缺乏专业的理论支撑,对此本书运用公共政策选择与变迁的政治经济学分析框架对这一案例做以下研究。

1. 背景

其一,决策者背景。价值观、政治信仰基础上形成决策者公共政策偏好。但现在美国左、右两种形式的民粹主义处于零和博弈中,无法形成共同的价值观、政治信仰。特朗普总统主张美国优先和减税促发展，民主党提倡全球化和增税促进公平。共和党攻击民主党"痴迷于切分经济蛋糕，而不是做大蛋糕"，民主党反驳特朗普政策为富不仁。民主党内部分裂为建制派和进步派。建制派主张亲近企业、维护中产阶级就业；进步派抨击企业巨大权力，维护社区，反对偏袒富人的减税激励政策。目前纽约州长和市长是民主党建制派，当家才知柴米贵，积极引入和推动亚马逊纽约第二总部公共政策。进步派党内抵制，党外造势，企图终止那些奖励富人的不公平分配政策。

其二，历史的、国际的、政治的、经济的背景。一是 2008 年美国次贷危机后，纽约启动了应对措施。除了更多的金融监管制度（如限制金融衍生场外交易等）出台之外，平衡虚拟经济与实体经济成为纽约的主旋律，发展高科技促进纽约经济多元化。二是纽约高科技凭借其独特优势正在强势崛起。纽约有科技公司所需要的雄厚投资资金；发达复合的传统产业正在为科技提供新的应用领域；纽约密集的人口成为科技创新的最佳试验场和城市"问题"的发生器。

纽约的上述背景，为决策者提供了很有价值的科技转型洞察力，政策精英发挥自主性，积极推进亚马逊纽约第二总部项目。

2. 条件

当时纽约经济社会发展良好，科技转型颇为顺畅，本来此项目的公共政策条件是常态情景，由州政府、市政府层次决策者关注微观政治的成本和收益，与公众充分沟通即可。但为了与其他 238 座城市竞争，决策者迎合亚马逊习惯性按市场规则处理企业的公共政策业务，选择做出一开始就签署保密协定等行为。发展中国家经常出现的决策高度集中、非正式利益表达及决策封闭性成了此次纽约的公共政策实践。此项目引入和决策阶段缺乏公众、社区参与互动，没有透明度对于热衷于表达观点的纽约市民来说，根本无法接受。亚马逊纽约第二总部项目宣布后，亚马逊及纽约决策者无视公众越来越多的舆论反对,把这笔交易当作既成事实,导致一些市民充满无力感和被剥夺感,只能通过集体行动来维权,在意见领袖带领下接连不断上演公开抗议。于是,亚马逊纽约第二总部的公共政策条件由常态情景变成了危机情景。更有甚者,当危机感引起社区居民不理智、不恰当反应时,亚马逊及纽约决策者没有试图减少公共政策压力,如提出更多让当地居民有获得感的措施、采取渐进式方法或制定灵活的推进时间表,这是放弃了开拓此公共政策条件的广阔空间。

3. 特点

亚马逊纽约第二总部公共政策的特点是政策成本分散化,大部分由民众分担,如利用政府补贴吸引科技巨头可能导致政府较短时期减少对纽约地铁、可负担住房的公共补贴;大量高薪科技人士集中在皇后区的长岛市购房或租房,将导致社区贵族化,增加当地居民的生活成本,产生城市游民等公共问题。而亚马逊纽约第二总部产生的税收、预算增加等中长期政策收益将集中于政府,社会公众并不能直接、迅速感受收益,且集中的收益总体不会抵消散布的成本。此公共政策本来需要社会公众广泛参与,但由于没有提供明显收益,很难调动大批民众投身支持此公共政策的推行。亚马逊纽约第二总部公共政策的上述特点,决定了政策的执行和维持将产生社会层面的冲突。

4. 资源

当公共政策引起社会层面的冲突时,世界首富和世界第一城市虽有足够的财政、管理、技术等资源来创造一个更具支持力的环境,但最重要的政治资源却乏善可陈。首先,纽约州和市政府无法像中央集权的政府那样强势操纵公共政策,在政府内部不能通过权力等级要求所有官员必须支持亚马逊纽约第二总部项目,对外也不能利用政府权力限制媒体及活动人士反对此项目。其次,亚马逊自身利用大数据分析选址,权衡了教育资源、基础设施资源、经济资源等,却没有在最重要的政治冲突、政治形势及其应付政治形势的资源方面做充分的分析及准备。再次,尽管亚马逊官方博客表示民意调查中有70%的纽约人支持其计划和投资,锡耶纳学院(Siena College)的民意调查也显示有56%的纽约州居民支持亚马逊的到来,但此公共政策支持者地理分布的分散化,使旗帜鲜明的支持组织较少(如代表纽约高科技行业的"科技纽约",Tech:NYC);决策者在项目逆转前没有予以公众话语权,也没有组织支持力量造势,因此,多数人的支持无法转化成政治效能。最后,此公共政策的反对者是集中于长岛市害怕社区贵族化的居民,民主党进步派众议员奥卡西奥-科尔特斯属于此选区,反对者容易接近政治领导和意见领袖,被迅速组织起来的群体对自身利益受到的威胁做出强力回应,取得了以小博大的影响力,由此倒是占少数的反对者的政治效能凸显。

面对反对者不断上升的政治效能,亚马逊和政府决策者本来应当换位思考反对意见,与活动人士、当地居民公开对话沟通,释放各种资源让当地社区更多受益,通过不同方式减小其项目对社区的负面影响。但亚马逊和政府决策者却一味地按传统方式回应,把广泛参与弄成有限参与,选择在私下进行游说,宁愿进行幕后谈判,也不愿进行一场有组织的、面向公众的公关活动,其调动政治资源的努力收效甚微,反而缩小了政策空间。

项目拖延3个月之后,亚马逊主要担心的已经不是此公共政策是否能够获得纽约政府、议会的批准,而是公众和一部分政治人士反对的声音毫无消退的迹象。在这样的政治环境下坚持项目,亚马逊在未来几十年里所做的一切都将受到政客、活动家和劳工团体越来越多的监督、审查,因此,亚马逊必须考虑与纽约市的长期关系,于是主动选择放弃。

三、芝麻信用等个人征信试点(市场准入公共政策)逆转案例分析

与亚马逊纽约第二总部逆转遥相呼应的是,2015年1月5日,中

国人民银行印发《关于做好个人征信业务准备工作的通知》，要求蚂蚁金服下属芝麻信用、腾讯下属腾讯征信等8家机构做好个人征信业务的准备工作，准备时间为6个月。然而，2017年4月，中国人民银行征信局官方人士表示，8家机构实际开业的准备情况离市场需求、监管要求差距很大，在达不到监管标准情况下不能把牌照发出去。2018年3月19日，中国人民银行主导的百行征信有限公司成立，芝麻信用等8家机构个人征信业务试点（即市场化个人征信许可证发放的公共政策）终止，试点机构被迫转型。对此，仍用上述分析框架做以下研究。

1. 背景

其一，决策者背景。中共中央、国务院对金融业有降低经济和金融风险、推进普惠金融的时间表和任务书，而征信是金融业实现上述任务的基石。等级权力关系使中国人民银行决策者在政治上承受了必须尽快提高中国个人征信业水平的压力，其最初的思想倾向、政策偏好必然是促进个人征信改革，实现艰巨的赶超任务。

其二，经济的、社会的、国际的背景。一是中国人民银行征信中心体系存在覆盖率低（2017年国际金融公司赖金昌披露，中国人民银行征信中心有信贷记录为4.8亿人，对比美国成年人覆盖率85%）、银行领域之外数据缺失、信用产品及服务单一等严重滞后于经济、金融发展的现状。二是目前大数据征信正逐步打造强大的个人信用洞察力、决策力，中国个人征信业有了弯道超车的愿景。三是出台国家大数据战略，加快建设数字中国，提升数字经济国际竞争力，而大数据征信是其重要组成部分。

以上因素为决策者提供洞察力，帮助其设定可以实现的个人征信领域市场化公共政策改革目标，培植了市场化个人征信许可证发放公共政策试点的支持力量，并将个人征信业务试点准备工作视为最佳实施时机。

2. 条件

个人征信试点机构本来拥有改变决策者关于市场化许可证发放公共政策条件(危机或常态情景)看法的能力。可以强调与先进国家差距的危机观点,从外部增加决策者压力,并引起决策者的上级机关注意,来加强紧迫感,扩大市场化个人征信许可证发放公共政策的空间。

但当时中国舆论环境热衷于鼓吹"新四大发明",认为包括大数据征信在内的中国大数据战略已经实现弯道超车。另外,中国人民银行对其征信中心可在一个经济体范围内实现对持牌金融机构放贷业务全覆盖的全球唯一所见颇引以为豪。当时氛围导致无法强调与先进国家征信存在差距的危机意识,于是,市场化个人征信许可证发放的公共政策条件陷入常态情景,推行央行《关于做好个人征信业务准备工作的通知》的做法渐进主义盛行,导致原定6个月准备期,两三年都无法将市场化个人征信许可证发放的公共政策推上议事日程。2018年4月16日,美国封杀中兴通讯;2019年5月17日,美国商务部工业和安全局(BIS)正式把华为列入"实体名单";新冠危机爆发后,美国又全面封杀华为。至此,"新四大发明"展露原形,"中国科技与先进国家存在差距"的危机观点再被强化。但在此之前百行征信已经于2018年3月19日成立,一段时间内市场化个人征信许可证发放的公共政策只能束之高阁,再强调中国个人征信行业危机观点不起作用了。

3. 特点

不同于亚马逊纽约第二总部,芝麻信用等机构个人征信业务试点的公共政策的特点是政策实施成本集中于中国人民银行及其下属人民银行征信中心。此公共政策一旦推行,市场化的新进入者将质疑人民银行个人征信之"裁判员"兼"运动员"的体制,原来以改革的名义将本部门利益打包让全社会埋单的理由就师出无名了,央行征信中心的垄断地位将受到挑战或被替代。此公共政策实施收益分散化且较长期间才会显露出来,公众也许会获得竞争性的价格、服务及效率收益,但它的直接影响却首先是由那些被要求改变其行为方式的监管部门来承担。监管部门在公众明白政策收益之前就意识到了政策的成本。此公共政策的管理和技术很复杂,公众无法完全意识到政策可能带来的成本收益,政策推行有赖于监管部门内部的尽责与支持。总之,此政策推行意味着监管部门权力的减少或转移,将改变其与利益共同体的既得利益。

2015 年的 8 家机构试点在商业银行、人民银行征信中心不开放金融信用信息数据的前提下进行,由试点单位自己寻找其他数据来源及应用场景,一旦出现错误及偏差就会被问责。此类公共政策公众参与有限,在缺乏公众或其他利益相关者监督下,政策推行容易偏离原来的初心。一旦上级改革压力减少,决策者就漠视个人征信赶超任务的艰巨,以杜绝信息孤岛等牵强理由,直接逆转市场化个人征信许可证发放的公共政策。

4. 资源

此类公共政策的特点是容易引发官僚层面的反对,克服官僚抵制所需要的资源类型主要是上级、舆论提供一个更具支持力的环境。但上级和舆论往往对此类官僚机构内部的、政治风险相对较小的冲突缺乏关注度,而科技巨头自身又因为各种利害关系沉默无语(如芝麻信用、腾讯征信虽然个人征信被迫转型,但企业征信业务依然持牌经营;蚂蚁金服和腾讯的支付、信贷及理财、金融云等其他金融科技业务也直接涉及金融监管的方方面面),这样,逆转就似乎波澜不惊、顺理成章了。

四、蚂蚁集团上市(金融科技宽松监管公共政策)暂缓案例分析

2020 年 10 月 24 日,在上海外滩金融峰会上马云指出传统金融监

管的弊病;2020年11月2日,中国人民银行、中国银保监会、中国证监会、国家外汇管理局联合约谈蚂蚁集团实际控制人马云;2020年11月3日晚,上海证券交易所、中国香港联合交易所先后发布暂缓蚂蚁科技集团在其创业板、主板上市的决定。蚂蚁科技集团350亿美元IPO在最后时刻叫停,好像一次紧急拦截。暂缓上市的理由是金融科技监管环境发生重大变化,没有其他进一步的细节披露。其实蚂蚁集团暂缓上市只是表象,其背后的实质是金融科技巨头整体宽松监管公共政策被否定。

中国监管机构已告知蚂蚁科技集团,在遵守新的金融科技监管公共政策之前,不能进行IPO。作为中国最重要的公司之一,蚂蚁科技集团未来将如何? 如何应对今后的金融科技巨头相关公共政策选择与变迁? 再次用分析框架研究如下。

1. 背景

其一,决策者背景。首先,2016年3月5日,十二届全国人大四次会议上李克强总理在《政府工作报告》中指出,要营造敢为人先、宽容失败的良好氛围,调动全社会创业创新积极性。等级权力关系使中国人民银行等金融监管机构政治上承受了必须鼓励金融科技创新的压力。其次,面对全新、交叉的金融科技,其发展存在很大的不确定性,金融监管部门也不一定有那么足够的科技知识和清晰的科技预见性;保持敏锐和宽容,通过市场竞争机制进行选优是监管机构的上策。最后,最初金融监管部门将金融科技总体视为金融体系之外的机构。"一亩三分地"思维使得金融监管部门采取"谁在我这里申请牌照才归我管"的策略,不发牌照的机构不太想管。

其二,经济的、社会的、国际的背景。在科技巨头成为国家竞争力的体现、全球经济社会加速数字化转型的背景下,2016年5月,英国金融行为监管局(FCA)选择了18家金融科技公司进入监管沙盒(Regulatory Sandbox),即通过提供一个"缩小版"的真实市场和"宽松版"的监管环境,在保障消费者权益的前提下,鼓励金融科技企业对创新的产品、服务、商业模式和交付机制进行大胆操作。新加坡、澳大利亚、中国香港等纷纷跟进推出监管沙盒。2017 年 9 月，美国消费者金融保护署（CFPB）向金融科技机构 Upstart 发出了第一张无异议函（No-action Letter），旨在为金融科技创新的推出降低来自监管层的政策风险，其本质是一种事先的认可机制。监管部门可能不知道怎么做是对的，但可以保证在不知道的情况下不会说创新违法与否，而是将它作为灰色领域，在该申请机构提议的某些特定情况下免于执法或监管行动，营造宽松的监管环境。面对发达国家在核心科技领域对中国的围堵，需要建立包括民营企业在内的科技国家队应对；蚂蚁集团的崛起，部分原因在于中国监管机构愿意让其在宽松监管环境下进行金融科技创新实验。

以上因素为决策者提供洞察力，使得最初中国金融科技巨头监管摸着石头过河、比较谦卑，设定了以宽松监管为主的公共政策目标，培植了宽松监管公共政策的支持力量，并将蚂蚁集团上市视为对金融科技巨头宽松监管的最佳成果展示。

2. 条件

宽松监管环境中金融科技巨头创新催生巨大动能，深刻改变和塑造着经济金融发展格局。尤其在新冠疫情背景下，人类比任何时候都依赖数字技术来战胜疫情，依赖科技创新来推动经济复苏。同时，对金融科技巨头宽松监管也给经济社会治理带来巨大挑战：金融科技巨头从支付到消费金融等领域都占据主导地位，凭借其独特的商业模式掌控大量数据和市场份额，形成垄断抑制公平竞争；科技巨头金融业务灰色地带模糊操作；冲击个人数据隐私保护等。于是，最初对金融科技巨头的宽松监管是否恰当成为全球辩论的焦点，美国等也正在就这个问题进行激烈的政策博弈。中国监管机构针对金融科技巨头逐步上紧发条，宽松监管公共政策被否定。

值得一提的是，中国金融科技巨头本来可以影响监管者关于宽松监管公共政策条件的看法,并引起监管者的上级机构及官员注意中国金融科技巨头发展的紧迫感,完善并拓展中国金融科技巨头宽松监管公共政策的空间。尤其可以强调与先进国家差距(如美国 Libra 区块链支付、亚马逊云计算等)的危机观点(Facebook 在国会反垄断听证会上同样使用此方法,强调面临中国科技巨头的竞争压力,营造危机感,希望国会网开一面),证实中国金融科技巨头面临的外部危机不是主观想象,而是客观存在。例如,美国科技巨头一方面游说欧盟、美国公共政策变迁维持其现有商业模式、保护其全球竞争力。另一方面,期望压制外国(尤其是中国)竞争对手。企图用"实体清单"方式让国际机构、投资者和消费者对中国金融科技巨头的信誉、可持续运营的概率产生怀疑。但从效果看,中国金融科技巨头对宽松监管公共政策变迁的发言权及实际作为有限,业者面临的危机感无法让监管者及其上级感同身受。

与以往金融科技巨头宽松监管"上紧发条"措施一样,本来这次公共政策变迁又在常态情景下"理解要执行,不理解也要执行"。但马云上海外滩金融论坛的"牢骚"直接触发蚂蚁集团暂缓上市的结果。马云、蚂蚁集团在中国几乎是创新的代名词,史上最大 IPO 最后一刻暂缓上市超乎所有人的经验之外,立刻成为令舆论哗然、国际投资界瞠目的轰动事件。这引起了对于中国公共政策透明度、中国资本市场信心的广泛关注。一些海外投资者甚至为蚂蚁集团连同马云整个商业帝国的日子将变得更艰难做准备,蚂蚁集团的大股东阿里巴巴股价次日下跌 8%。

蚂蚁集团暂缓上市引起公众和投资者的不理智、不恰当反应,使得中国金融科技巨头公共政策变迁的条件有演变成危机情景的可能。政府采取了正确的驾驭方法,努力稳定金融科技巨头公共政策变迁的常态情景:首先,强调暂缓上市本身就蕴含缓冲,暂缓不是停止,是一种渐进和灵活的政策变迁;政府及相关机构明确宣布,蚂蚁集团满足一定的监管政策后可以重启上市。其次,强调保护消费者。若是监管政策等到标志性的蚂蚁集团上市后再发生重大变化,投资者的痛苦指数肯定更高。最后,相关机构配套危机处理。鉴于蚂蚁集团港股 IPO 投资者争先恐后,公开发售部分的申购人数超过 147 万人(大约为中国香港 1/5 人口),冻资金额约 1.3 万亿港币,创下港股史上最高纪录,港交所及时稳定局面、信心喊话,声明蚂蚁集团暂缓 H 股上市不影响中国香港国际金融中心的地位等。

3. 特点

纵观中国包括金融科技在内的金融监管史,其既是一部沿着"金融风险-强化监管-金融市场化-放松监管-金融风险"螺旋式发展的历史,也是一部平衡监管与创新之间关系的历史。中国金融监管公共政策经历了从强化监管到放松管制的反复轮回。

现阶段金融科技巨头宽松监管公共政策被否定存在中国金融发展阶段、金融结构和监管体制等诸多原因,但关键内因是宽松监管公共政策的特点是监管者及其利益共同体承担实施成本:一是宽松监管公共政策持续推行意味着监管官员权力的减少或转移,将改变官员及其利益共同体的既得利益,一些监管机构及官员早就在悄无声息地抵制。二是蚂蚁集团等金融科技巨头对传统金融机构(如商业银行、中国银联、公募基金等)的竞争威胁。蚂蚁集团从传统金融机构手中夺走业务,并让后者承担金融风险。三是一些金融科技巨头以轻资产科技服务提供者角度介入金融业务,想做金融业务新进入者但不想承担资本充实率、各项风险准备和拨备等高成本,其规避的成本外溢后由监管机构的传统利益共同体承担。四是监管机构被上级问责的成本。据周小川披露,P2P 等金融科技出现全国性风险后,高层有人问及这个事到底由谁负责。各级政府、各部门相互推脱,最后是没有发牌照的中国银保监会来负责。因此,监管机构、官员抵制金融科技巨头宽松监管,更偏好政府规制。

4. 资源

在金融科技巨头宽松监管公共政策完善及变迁进程中,监管机构及官员对以蚂蚁集团为代表的金融科技巨头商业模式(如 ABS、联合贷款、金融云、货币市场基金、大数据征信等)的认知判断是具有高风险的,化解风险的方法是强化监管(如增加自有资金、反垄断、数据监管等);而蚂蚁集团认为自己基于真实商业场景与交易数据的风险控制方式是高效的,"一刀切"的强化监管做法是不符合时代发展的。两者都声称自己主张的公共政策变迁思路是创新与监管平衡,双方博弈所需要的资源类型都是上级、舆论提供一个更具支持力的环境。蚂蚁集团的金融业务并不是第一次遇到监管问题,监管者的上级部门和舆论对一般的政治风险相对较小的监管博弈缺乏关注度,但这次金融科技巨头宽松监管以蚂蚁集团上市暂缓为标志终结,导致金融科技巨头创新与监管的博弈第一次进入公众视野,其涉及的全球广大投资者、舆论随时有可能将正常的"金融事件"演化成危机的"政治事件"。因此,只有中国最高领导层才拿得准接下来将发生的事情。准确理解习近平总书记 2017 年 7 月 14 日于全国金融工作会议上关于"金融管理部门要努力培育恪尽职守、敢于监管、精于监管、严格问责的监管精神,形成有风险没有及时发现就是失职、发现风险没有及时提示和处置就是渎职的严肃监管氛围"及 2019 年 2 月 22 日于中共中央政治局"完善金融服务、防范金融风险"集体学习中关于"管住人、看住钱、扎牢制度防火墙"的指示精神,是正确理顺未来中国金融科技巨头创新与监管平衡公共政策(即平衡竞争性环境、防范"赢者通吃"、保护投资者)的关键所在,也是监管博弈各方创造一个更具支持力的环境最重要的政治资源及政治效能。

"严肃监管""管住人、看住钱、扎牢制度防火墙"强调了对金融科技巨头进行监管的必要性,但不能"一刀切"抑制市场活力,金融科技巨头、监管机构及其上级领导、舆论要有底线思维:

一是无论如何监管，不能自毁长城。美国政府及科技巨头企图通过"实体清单"影响蚂蚁集团上市进程，没有得逞。中国自己的公共政策环境重大变化更要避免遏阻金融科技巨头所引领的创新。二是预留金融科技巨头创新的政策空间，让科技巨头施展能动性（创新精神）及市场活力。三是辩证看待严肃监管。一方面，金融科技巨头必须在中国的监管约束和政治体系范围内运营。另一方面，监管机构不能异化为上帝般不容挑战，金融科技巨头拥抱监管不等于唯唯诺诺。四是以协调、沟通替代抱怨、强制。金融科技巨头创新与监管平衡是极为前沿的问题，其公共政策涉及的各方均无成熟的认知。只有沟通、协调，才能汇聚监管力量、形成监管合力；一味抱怨、强制，只会激化监管与创新之间的矛盾。这样才能做到毛泽东在《七律·和柳亚子先生》一诗中提及的"牢骚太盛防肠断，风物长宜放眼量"。

五、结论及启示

1. 案例异同点

以上亚马逊纽约第二总部案例与芝麻信用等个人征信试点、蚂蚁集团上市案例的最大区别是公共政策的特点不同。民众或者政府部门直接承担的治理成本及收益会决定不同公共政策的特点，导致社会层面或官僚层面两种不同的冲突，需要不同的资源克服对政策的抵制。通俗地说，芝麻信用等个人征信试点、蚂蚁集团上市需要走"上层路线"克服官僚机构抵制，而亚马逊纽约第二总部的设立需要走"群众路线"化解当地居民反对。

芝麻信用等个人征信试点和蚂蚁集团上市的公共政策特点相同，但蚂蚁集团上市引入了公众参与这个新的变量，导致两者公共政策条件不同。不理智的公众参与有可能将公共政策变迁的常态情景演变成危机情景，政府应当妥善驾驭此类公共政策条件，制止普通"金融事件"演变成危机的"政治事件"。

三个案例的共同点是亚马逊和蚂蚁金服都习惯运用传统的私下公关、游说方式应对政府治理，企业内部充斥"旋转门"（Revolving Door)式的前政府监管人员，既被抨击滥用企业权力，又导致其游说能力江河日下，频频出现科技巨头失宠的情况。

2. 金融科技巨头公共政策冲突加剧

科技巨头涉及的公共政策面临越来越多、越来越剧烈的抵制和反对，其他案例还有谷歌在柏林被抗议导致社区贵族化、Facebook 用户信息泄露、Uber 在纽约陷入监管争斗等一系列公共政策事件。原因之一是科技巨头作为全球化主要受益者，其规模位居世界股票市值前列，方方面面走在各国经济社会发展的前沿；其非凡成就经常导致对城市、社会多样性的毁灭，其任何举措都将打破旧的均衡，必然引起受到影响群体的反对或抵制。一句话，科技巨头成了自身成功的受害者。原因之二是科技巨头的财富分配加剧收入不平等，凸显了社区贵族化、纳税不合理、用户隐私保护等公共政策议题的重要性，引发了社会公平问题及政治价值观冲突，一些国家、城市出现对科技巨头不利的政治风向。

3. 利用正确的政治学、政治经济学应对

公共政策就是治理。金融科技巨头虽然不是公共政策的决策者，但却是公共政策的利益攸关方及治理参与者。金融科技巨头治理必须摆脱传统、庸俗及寻租的公关游说模式，而应用政治学和政治经济学的范式研究具体的公共政策选择及变迁，提高政策洞察力，理解社会各阶层对涉及自身的公共政策的抵制及反对，亦即既遵守公共政策的背景、条件、特点及资源界限，又要改变、驾驭公共政策的各种关键环节，引导、帮助决策者扩大公共政策空间，使公众和官僚的抵制与反对可以最小化。

第八章 "新冠后"金融科技巨头治理展望

一、"新冠后"全球治理格局争议

过去三十年在全球政治、安全领域,西方国家对中国等转轨国家(Transitional Countries)采取接触战略(Engagement),奠定了这一轮经济全球化的世界格局,各国之间形成了高度分工、全球合作的供应链。

新冠肺炎的全球流行,使各国措手不及、损失惨重,是一个剧变的历史大事件。美国前总统奥巴马(Barack Hussein Obama)认为,历史进程剧变会引发连锁反应:1929年的华尔街崩盘开启了罗斯福新政(The New Deal);1945年的盟军胜利为冷战(Cold War)创造了条件。每一个历史大事件都会造成政治、安全及经济的余震和影响未来走势。新冠疫情定会成为历史转折点,而其后全球治理格局演变的方向及后果现已众说纷纭,权威预测有三种发展趋势。

1. 全球化治理格局基本不变

马云曾表示,全球化碰上挫折。但全球化的势头不可阻止,永远是人类追求的一个最主要的发展方向。全球化本身是需要完善的。

总体上经济全球化对各方有利。全球供应链之所以出现,是因为它为制造商提供了更低的成本和更高的效率。比较优势(Theory of Comparative Advantage)和规模报酬递增(Returns to Scale)这两大动力推动着经济全球化的不断深入发展。"新冠后"跨国公司继续在中国投资,主要不是将中国作为全球生产的基地,而是为了服务于这个世界上特大的消费市场。以中国为代表的一些国家希望维护"新冠后"全球化趋势、稳定与西方国家的经济关系,并试图提升自身在未来全球供应链中的优势地位及整合能力。如中国就希望"共同防止世界被拖进冲突对抗的新冷战,共同防止全球化的进程被粗暴打断"(王毅,2020年7月28日),"一带一路"就是中国继续推进的全球化方案。对此,澳大利亚前总理陆克文(Kevin Michael Rudd)也表示,北京目前倾向于重新稳定这种经济关系,因为中国仍然没有强大到可以独行其是(2020年7月2日)。毕竟,一个相互开放、紧密相连的经济全球化作为世界秩序的关键基石,在很大程度上是可以避免未来的全球冲突的。

针对新冠疫情暴露的对外部供应链过度依赖问题,西方国家基于地缘政治会重塑并回流部分涉及国家安全及卫生健康的产业供应链,并改变单一的低成本、高效率的布局逻辑。但用政府意志干预经济全球化,可以影响一时,却无法改变全球化实质内容及趋势;不符合时代精神的政府意志依然无法行使全球供应链的经济主权。

至于经济全球化的成果与风险分配极端不均衡问题,各国认识到只有输家获得相应的补偿,全球化的益处才可以得到维护和扩大,否则经济全球化将遭遇更多政治抵制。但对于如何补偿经济全球化的输家(发达国家及其产业工人),各国之间及其内部并未形成共识。

2. 有限全球化治理格局

国家安全意识加重的地缘政治将改变全球化的单一经济现象,全球化不会停止,但将进入"有限全球化阶段"(郑永年,2020年6月18日)。

新冠疫情作为突发危机已全方位地深刻影响了地缘政治的变动。一是对大国兴衰的影响。疫情应对得好,国力变强大,反之,国力被削弱。二是疫情对国家之间关系的影响。自我民族利益优先的民族国家将重新得到加强,重点影响中美、中欧、中印关系的走向。三是疫情对国际组织的影响。国际组织背后是主权国家。主权国家如分歧加深、难以合作,那么联合国(UN)、世界贸易组织(WTO)、世界卫生组织(WHO)等就难有有效决议及行动,影响力会变弱。美国甚至退出了世界卫生组织。

新冠疫情及地缘政治变动会使经济全球化的形式、内容发生改变。"新冠后",经济全球化形式会是一种"有限全球化"。其主要内容是强化各国政府的经济主权,把经济、科技问题与国家安全问题结合起来。"新国家主义"(Neo-Statism)在世界范围重新流行。具体而言,一是主权国家实施供应链的国家控制。全球供应链重新布局,分散在不同国家,重点调整中国的供应链(目前中国集中了全球约30%制造业产能);美国强调制造业回流,中国注重自主创新、国产替代。二是供应链依存度降低,科技领域局部脱钩,但不完全脱离。西方阵营的欧盟及日、韩等国都不会像美国的贸易保护主义那样走得那么远,或者说没有意愿走得那么远。与美国相比,这些国家更依赖与中国的贸易,夹在中美两个大国之间,它们并非中国敌对的竞争对手。

3. 全球化治理格局逆转

此所谓逆转,即两军对垒的新冷战地缘政治、经济逆全球化。这会使以多边主义为基础的全球治理体系遭遇前所未有的沉重打击。

美国对中国战略接触有其地缘政治假设前提:让中国接轨世界经济,经济开放会导致政治民主化,结果接触战略并没有促成中国"和平演变"(Peaceful Evolution)。近年来中美的价值观、国家安全及大国兴衰的战略博弈激烈,新冷战是上述一系列博弈相互作用的结果。中美新冷战凸显国家、政府层面价值观冲突:一是美国将矛头直指中国执政党,蓬佩奥曾发推文称,中国执政党"对美国和美国价值观怀有敌意"。二是美国用其价值观召唤西方国家与其结盟,尽管一些西方国家不会简单地用价值观选边站位。

2016年5月27日,法国前总理德维尔潘(de Villepin)描述全球地缘政治可能进入"一个世界,两个体系(One World,Two System)"的新冷战时代。2020年7月20日,美国有线电视新闻网(CNN)节目主持人法里德·扎卡里亚(Fareed Zakaria)表示,美国共和、民主两党正在形成共识,认为中国近几年来变得更加强硬、更具扩张色彩并咄咄逼人,需要美国以有别于以往几十年政策的方式加以应对。

在新冠疫情之前,地缘政治逆全球化的量变已经开始,表现就是中美关系演变成竞争对手、美国边境修墙限制移民、美国"退群"(美国退出《跨太平洋伙伴关系协定》、《伊核协议》、《中程导弹条约》、《联合国气候变化框架公约》巴黎协定、联合国教科文组织和人权理事会、万国邮政联盟)及英国退出欧盟等。

新冠病毒不仅攻击了人类日常生活,还颠覆了现有全球治理体制,地缘政治逆全球化开始质变。疫情政治化加剧了一些政党、政客的价值观和意识形态偏执,加上全球"大变局"的其他重要塑造因素(如科技进步、大国关系等)的催化,在美国军事实力"不受挑战"的前提下,新冷战正式成型。2020年5月14日,美国《外交政策》(Foreign Policy)杂志刊登其首席作者基思·约翰逊(Keith Johnson)和罗比·格拉默(Robbie Gramer)的文章《大脱钩》(The Great Decoupling),判断这"至少是冷战1.5"。美国抛弃与中国的接触,并公开将中国作为其主要的地缘政治对手。

全球地缘政治逆转,决定了各国经济关系乃至经济全球化的逆转。

(1)"新冠前"经济逆全球化举措

特朗普(Donald Trump)就任美国总统后,提出"美国优先"(America First),要求购买美国产品、雇佣美国员工,清晰地发出了逆经济全球化的信号。例如,美国起草首份模糊经济和国家安全之间界限的《经济国家安全战略(2017)》(Economic National Security Strategy 2017),发动中美贸易战,加征从中国进口商品关税,限制中国资本投资美国高科技,对华为公司实施出口管制等。2019年3月,欧盟理事会批准涉及高科技、关键基础设施和敏感数据产业的《欧洲议会和理事会关于制定欧盟外商直接投资审议条例以建立欧盟外商直接投资审查框架的规定》（*REGULATION OF THE EUROPEAN PARLIAMENT AND OF THE COUNCIL establishing a framework for screening of foreign direct investments into the European Union*）。

（2）"新冠后"经济逆全球化变本加厉

新冠病毒动摇了一些人对全球供应链的信心，特朗普政府认为新冠病毒大流行为经济逆全球化增添了新的契机及"合理性"：其一，欧美经济2020年停滞制造了一个痛苦的洗牌契机。当经济活动处于高水平、失业率很低时，如果强行脱钩会很痛苦。但现在许多国家"封城""封国"，全球化事实上已经停摆。从某种意义上说，此时拉开距离更容易。这种人为的经济收缩使一切难以回到从前。其二，疫情暴露了美国过度外部依赖的安全漏洞。这为特朗普广受诟病的保护就业、高技术及国家安全等经济逆全球化政策"平反"了。

"新冠后"美国、欧洲经济逆全球化的手段：美国以疫情为由动用《国防生产法》（*Defense Production Act*）、《国际紧急经济权力法》（*International Emergency Economic Powers Act*，IEEPA），允许政府强制私营部门做出一些生产决定；在对中国"贸易战"基础上另辟"科技战"，禁止各种敏感产品出口，企图与中国科技脱钩；为供应链更靠近美国布局提供政府补贴，甚至企图退出世界贸易组织。组织七大工业国和澳、韩、印度等建立"经济繁荣网络"（Economic Prosperity Network）。同时，欧洲也倾向调整近几十年来与中国建立的贸易、投资关系，认为中欧经济一体化走得太远，带来更多的痛苦，而收益渐少。

（3）经济逆全球化及中美经济脱钩的代价

首先，走向一个越来越分散、成本越来越高的全球供应链，这是西方为加强国家安全所必须付出的经济代价。其次，国际经济竞争变成了零和竞争。世界将面对大萧条、贸易壁垒、经济民族主义，甚至会产生像上一次大脱钩类似纳粹德国的国家，试图通过战争获得经济"生存空间"。再次，一些国家无法在全球共同利益（如抗击疫情、处理移民问题等)中成为负责任的利益相关者,其对美国推行的全球规则只会给予更少的关注。最后,意味着一些跨国公司多年来的海外布局将付诸东流。

总之,上述"新冠后"全球治理格局演变的三个方向只是大概率预测,真实的趋势谁说了都不算(包括强国政府、权威人士在内),一切皆有可能。世上没有完美的治理,你说你的治理好,我说我的治理好,那治理竞争便不可避免。各国治理将经历竞争的实验场;最终的治理格局是多种全球力量长期碰撞取得的均势与平衡,是文明冲突妥协、优胜劣汰的结果。

二、与"新冠后"全球治理格局对应的各国金融科技巨头治理

一方面,"新冠后"全球治理格局是包括金融科技在内的各国科技巨头治理的宏观背景,"新冠后"全球治理格局重构将决定各国科技巨头治理的走向。另一方面,包括金融科技在内的各国科技巨头治理又成为"新冠后"全球治理格局的数字实验场,各国科技巨头治理不仅仅是企业之间经济和技术的竞争,也是各国政治及安全的势力范围和地缘战略的竞争,将主导中国和西方的关系。

1. 全球化基本不变的各国金融科技巨头治理

(1)全球化基本不变的各国金融科技巨头治理合作

在没有对抗性的各国金融科技"网络和平"场景中,各国建立自己的数字技术体系并加强本土金融科技巨头的实力,共同提高金融科技巨头治理跨国协同操作的程度;针对各类数字支付、数字信贷及理财、大数据征信及金融云的数字犯罪攻击,各国寻找共同的解决方案,使得互联网和平得以实现。一如既往,经济全球化趋势将是各国金融科技巨头治理合作的重要推动力。

（2）全球化基本不变的各国金融科技巨头治理竞争

全球化基本不变的各国金融科技巨头治理并非只有一团和气。

由于技术快速迭代创新及国家利益导向，各国在金融科技标准、监管实践及监管法规（如隐私、公平竞争、核心技术所有权、数据主权、数据安全）等方面一直处于竞争之中。全球规则及多边协议成为大国金融科技战略博弈的焦点。例如，2019 年 1 月，日本前首相安倍晋三在达沃斯论坛上提出制定数字经济监管规则，就是试图以规则制定的主导权来引导 WTO 数字经济治理改革的方向。

各国金融科技巨头治理竞争还凸显在各国复杂的法律环境及诉讼管辖问题上。例如，美国一系列的反托拉斯法、高科技出口管制法、经济间谍法、反倾销法及美国诉讼制度的"长臂管辖"（Long Arm Jurisdiction，即非居民所实施的侵权行为如果与美国有最低限度的联系，美国法院在某些情况下拥有将管辖权延伸至州外乃至国外的权力）。

2. 有限全球化的各国金融科技巨头治理

"新冠后"有限全球化背景下各国缺乏互信，全球供应链依存度下降，首先面临脱钩威胁的是包括金融科技在内的数字技术供应链。尽管不是全方位逆全球化，但细分关键科技领域可能就是整体脱钩。

一方面，技术输出方以国家安全为由，实施管制高技术产品、服务出口的治理政策。美国因朝鲜战争而对中国实行的高技术出口限制从来不曾取消过。2019 年年底，美日主导修订《关于常规武器和两用物品及技术出口控制的瓦森纳安排》（*The Wassenaar Arrangement on Export Controls for Conventional Arms and Dual-Use Good and Technologies*）这一集团性出口控制机制，增加了对 12 英寸硅片技术出口的限制内容，明显要对中国科技企业实施"卡脖子"工程。除了对高技术产品的普遍出口进行管制，美国还禁止本国企业与被其纳入出口管制"实体清单"（Entity List）的企业开展贸易，包括中国军工集团、军事科研院校和超算领域科技巨头。例如,华为被美国政府列入出口管制"实体清单"之内。

另一方面,技术输入方则以更加开放、自主创新、国产替代的治理政策抗衡。技术局部或整体脱钩的短期负面影响是滞缓技术输入国的高技术产业发展、减少其市场份额及付出额外的研发成本。但技术局部或整体脱钩也有潜在的中长期好处,即为技术供应链的每一个环节成功培养第二供应商创造了条件。一旦能够获得第二供应产品和服务,技术局部或整体脱钩就百无一用了。对抗技术局部或整体脱钩短期要努力建立共同、开放的全球标准,确保技术互通性。而长期来说,通过多元化采购、自主创新及国产替代等方法,存在多个相互竞争、提供类似技术产品或服务的供应商,有利于赶超国家技术体系的稳定和弯道超车。就数字支付、5G 等某些领域而言,中国金融科技巨头已经甩开其他国家的竞争对手。

3. 逆全球化的各国金融科技巨头治理

"新冠前"贸易战背景下,美国对华技术管制主要涉及所谓华为设备安全或蚂蚁金服收购美国速汇金(MoneyGram)的数据安全,对多数中国科技巨头的影响并不大;同时,美国试图号召其盟友加入对华为的技术管制,也没有达到一呼百应的局面。但逆全球化背景下,美国已经带动印度等国家对包括金融科技在内的中国科技巨头发动全覆盖、全方位、全要素的科技战。澳大利亚前总理陆克文表示,IT 领域正在进行一场未公开的冷战。

（1）印度逆全球化的科技巨头治理

原本阿里巴巴、字节跳动及腾讯等科技巨头已经投资印度初创公司,其中包括 Paytm(2015 年阿里巴巴注资 6 亿美元,持股比例达40%)、Zomato(2018 年阿里巴巴投资 1.5 亿美元)等独角兽。2020 年3 月,印度外交政策智库印度全球关系理事会(Gateway House：Indian Council on Global Relations)的报告估计,中国所有对印度科技领域投资加起来达到 62 亿美元。中国科技巨头通常鼓励印度初创企业使用中国的解决方案来满足其技术要求,使印度公司成为中国科技巨头生态系统(如在线商店、支付网关)的一部分。这意味着中国科技巨头能够"四两拨千斤",其对印度的投资带来了不成比例的广泛影响。

但中国科技巨头的投资蜜月随着新冠疫情流行及中印关系紧张急转直下,印度对中国包括金融科技巨头在内的投资政策逆转,甚至公开对中国表示敌意。

2020 年 4 月 17 日,印度工业和内贸促进局(DPIIT)宣布更新外国直接投资(FDI)管理法案,旨在打击外资利用疫情时期资产价格下跌机会而发起的"投机性收购"(Opportunistic Takeover)。新政规定印度本土公司接收来自与印度接壤的国家的任何投资,以及本土公司受益所有权和外商投资重大变更,都需要经过印度政府许可。2020 年 1 月,蚂蚁金服再次对 Zomato 投资的 1.5 亿美元就一直处于印度政府新政审查中。此新政也打乱了多家中国智能手机巨头的印度金融服务计划。中国手机巨头以牺牲硬件利润率(其智能手机销售利润率估计为 1%~2%)来建立数亿用户基础;然后通过建立自己的非银行金融公司(NBFC),直接向其智能手机用户群销售金融产品,将这些用户基础货币化,间接提高利润率。例如,2019 年 12 月,小米在印度推出了在线贷款服务 MiCredit,将掌握的用户数据和消费模式与印度贷款公司联系起来,帮助用户获得小额贷款。新政大幅增加了中国手机巨头印度盈利模式的难度。

2020 年 6 月 29 日,印度通信和信息技术部(Ministry of Communications and Information Technology)以国家主权完整、国防安全和公共秩序等为由,宣布查封包括 TikTok、微信、小米社区、阿里巴巴旗下 UC 浏览器等在内的 59 款中国开发的手机应用,称这些中国应用程序以未经授权的方式窃取并秘密传输用户数据到位于印度境外的服务器上,侵犯了印度用户的隐私。接着,于同年 7 月 29 日宣布禁用 47 款中国 App;于 9 月 2 日又宣布禁用 118 款中国 App。至此,印度政府已禁用 224 款中国研发的 App。

（2）美国逆全球化的科技巨头治理

2020 年 8 月 6 日，特朗普总统签署两项行政命令，宣布将在 45 天后禁止任何美国个人及企业与 TikTok 母公司字节跳动、腾讯公司的微信进行任何交易。2020 年 8 月 5 日，国务卿蓬佩奥（Mike Pompeo）宣布"清洁网络"（Clean Network）五大措施，要确保美国网络不受中国政府影响。其内容包括清洁线上商店，即美国应用程式商店要将中国应用程式下架；清洁应用程式，即美国应用程式不可预先安装在中国制手机如华为手机上等，或不应放在其程式商店；清洁运营商，即美国电信网络不能连接中国运营商；清洁云储存，即美国公民及企业的资料不能储存在中国云端企业；清洁电缆，即美国连接至国际互联网的海底电缆不能受中国侵入。蓬佩奥声称，已有 30 多个国家和地区成为"清洁国家"，全球许多国家最大的电信公司已成为"清洁电信公司"。

美国此举导致原已脆弱的全球互联网进一步分裂，将形成美国版的"防火长城"（Great Firewall of China），一些国家可能被迫在中美互联网生态系统之间"选边站"。

（3）逆全球化各国科技巨头企业层面价值观冲突及治理

逆全球化的各国科技巨头治理也凸显了企业层面的价值观冲突。仅以 Facebook 总裁扎克伯格为例，他质疑中国在打造一个基于自身视角且价值观（和美国）截然不同的互联网，中国科技企业正在向其他国家输出这种价值观。针对中美包括金融科技在内的科技巨头价值观的冲突、竞争情况，扎克伯格自称 Facebook 是一家骄傲的美国公司，信奉民主、包容、自由表达和市场竞争的原则。但难以保证的是，这些价值观是否能最终胜出。扎克伯格还希望全球科技治理建立一个清晰的监管框架，而且该框架出自西方民主国家，然后成为全球标准。要制定正确的法规，必须要有一套明确的价值观，其运作方式要尊重人权。欧盟拥有这些价值观。

（4）逆全球化的各国科技巨头数字"战争与和平"治理

列昂·托洛茨基（Leon Trotsky）曾说，你可能对战争不感兴趣，但是战争对你感兴趣。战争及地缘政治正在对金融科技巨头的决策和业务产生越来越重大的影响。新冷战可能发生"数字战壕战"或在第三国发动代理人的数字战争。受到敌对国家支持的网络攻击，各国政府试图隐藏在不可逾越的数字壁垒背后，互联网已经被不兼容的国家网络空间所取代。数字化转型并没有带来一个无障碍交流和跨国社区化的和平、美好的网络世界，而是带来了新的全球冲突、民族主义复兴及大国角力加剧；包括金融科技在内的科技巨头在数字的"战争与和平"中像是棋局上的卒子一般，毫无自主权。

三、"新冠后"各国金融科技巨头治理的中国应对

上述"新冠后"美国、印度等对中国上演的愈发激烈和冲突的制裁及管制，并非只是历史的插曲和片段，而是一种定式操纵，无论在全球化基本不变、有限全球化或逆全球化何种背景下，以美国为首的西方国家都企图凭借尚存的科技、军事、综合国力等优势（尽管新冠疫情冲击，当前全球综合国力对比，美国依然为世界第一，尤其是美国的尖端技术、军事实力、综合国力还没有一个替代品出现；但其综合国力日益捉襟见肘。中国综合国力全球第二，实力相对弱势；但时间在中国一方），迫使中国承认和接受其极端利己、霸权的所谓政治经济新秩序，甚至是新冷战及逆全球化格局。尤其在当前国家竞争力有最大体现的科技巨头领域，美国更是谋划将中国科技巨头的竞争态势扼杀在起步阶段，美国主动挑起中美脱钩、科技战、逆全球化全都与科技巨头治理有关，使得包括金融科技在内的各国科技巨头治理成为"新冠后"全球治理格局的风口浪尖。中国及中国科技巨头将如何纵横捭阖应对风险与挑战？

1.“新冠后”各国金融科技巨头治理的中国宏观应对

弱势方无法主导并选择金融科技巨头全球治理格局及双边关系，正如邓小平于 1989 年 12 月对美国总统特使斯考克罗夫特（Brent Scowcroft）将军说的话，中美关系终究要好起来才行，中美关系要好起来，需要美方采取主动。但稳定、完善金融科技巨头全球治理格局及双边关系不是靠强者施舍，而是靠实力及趋利避害战略争取。

其一，推进各国金融科技巨头治理的战略互信，不应让怀疑、欺骗来绑架各国金融科技巨头治理政策。一是各国让渡部分信息主权（包括美国和欧洲特别关注的疫情信息、印度特别关注的疫情中金融科技巨头的并购信息），这是各方互相信任的基础。二是各国信守承诺，遵守已经签订的一系列协议，尤其是 2020 年 1 月 15 日的中美第一阶段协议（《中华人民共和国政府和美利坚合众国政府经济贸易协议》）关于加大知识产权保护和中美双边合作力度，推动包括金融科技在内的知识产权保护务实合作。

其二，管控好各国金融科技巨头治理分歧。存在全球性共同利益（如抗击疫情、应对气候变化、解决移民问题等）是有着不同文化背景、政治和经济制度的国家避免数字新冷战的前提，应该以求同存异方式管控好分歧，妥善引导、处置数字的“战争与和平”。

其三，支持欧洲数据治理牵制美国。目前欧盟委员会正在加紧制定《数字服务法案》（Digital Services Act），这是欧盟数据治理的框架性文件，旨在遏制包括金融科技在内的科技巨头权力。该法规将涵盖数字空间的方方面面，包括打击仇恨言论和盗版音乐、企业对发布非法内容承担责任、保护用户数据及防范大公司滥用市场主导地位。该法规可以强制科技巨头拆分业务，允许竞争对手访问科技巨头数据，强制科技巨头更多地履行公共职能。美国科技巨头正在全力进行游说，争取该法给予互联网跨国交流一定程度的自由放任，以减少对科技巨头商业模式的限制。

在美国、欧洲和中国三种数据治理模式相持不下的情况下,中国可以加强多边数字对话、数字外交,原则性地支持欧洲包含金融科技在内的数据治理模式对美国的牵制,建设一个自由、开放和安全的互联网全球共享资源。

其四,从国家层面提升金融科技关键领域的脱钩实力。排查美国出口管制项下的各项技术风险,建立自己的防火墙来应对美国出口管制的长臂管辖。在世界范围内寻找可替代美国技术或服务的第二供应商。

其五,开放中国金融科技市场。当中国限制包含金融科技在内的美国科技巨头在中国的防火墙内竞争时,美国肯定千方百计阻止中国科技巨头进入美国市场。随着各国科技企业的成熟(如印度),越来越多的国家会提出金融科技领域相互开放市场的问题。

值得中国注意的是,曾经有一个庞大的美国游说力量(希望进入中国市场的美国跨国公司)在支持美国政府与中国维持贸易稳定。但近年来的贸易冲突、经济脱钩减少了美国企业的在华利益。目前美国最大的商业公司全都是科技公司。但2010年之后,除了苹果公司,其他公司在中国的业务都非常有限或下滑严重。2020年9月15日,李克强总理在世界经济论坛全球企业家特别对话会上表示,无论外部环境如何变化,中国都会坚定不移地深化改革、扩大开放。中国金融科技市场尤其要重视开放问题。

2. "新冠后"各国金融科技巨头治理的中国行业应对

在各国金融科技巨头治理的中国宏观应对背景下,企业层面需具体实施行业应对。行业应对主要是中国科技巨头要发挥企业的能动性,这种活力就是弥补国家、政府层面在市场化、本地化、新型政治经济空间等领域的能力及手段缺乏,将中国的国运及中国金融科技巨头的生存和发展掌握在自己手中。

（1）营造金融科技巨头海外投资利益共同体

印度封杀了包括中国科技巨头在内的 224 款 App，而中国科技巨头入股的印度初创企业目前安然无恙。TikTok 美国业务面对地缘政治和地缘经济的双重压力。特朗普总统以国家安全为由，依据《国际紧急经济权力法》（*International Emergency Economic Powers Act*，IEEPA），只提供 TikTok 45 天内被收购或退出美国市场这两种霸凌选择，但 TikTok 却回以不丧失控股权及核心算法的第三条道路（即与"可信"的美国公司甲骨文、沃尔玛合作营运，实现某种形式"数据托管"）。截至 2020 年 9 月 25 日，美国商务部宣布推迟 TikTok 禁令，特朗普总统概念上同意 TikTok 与甲骨文的交易，TikTok 与美国政府交锋或妥协的最终结果待定。为什么 TikTok 敢于并且能够讨价还价？虽然美国宪法第一修正案保护的是公民言论自由，关闭 TikTok 社交平台肯定会影响公民的言论自由，TikTok 可以以此据理力争。但国家安全和宪法第一修正案（公民言论自由）之间的冲突是长期以来就一直存在的。根据以往惯例，在国家安全领域，美国总统拥有至高无上的权力，以言论自由挑战总统的国家安全决定是非常困难的。真正让 TikTok 敢于并且能够讨价还价的根本原因在于 TikTok 在美国拥有广大的利益共同体。TikTok 是一款非常流行的 App，在美国有数千万用户。一般用户很难思考国家安全和言论自由之间的平衡，他们只想支持自己喜欢的一款应用。于是，特朗普总统威胁要封禁 TikTok 就引发了庞大 TikTok 美国用户的不满，他们在推特上发起了声势浩大的"拯救 TikTok"话题。大选在即，面对 TikTok 年轻用户的选票，为所欲为的特朗普总统也左右为难。

以上内容说明中国金融科技巨头要在国外站住脚，应该利益均沾，通过消费者、股权、产业链及就业，实现本土化，营造金融科技巨头海外投资利益共同体，才是安全的，也是最有效的科技反脱钩方法。

（2）参与东北亚、东南亚等"一带一路"金融科技治理

新冠疫情治理显示了中国与东北亚、东南亚等国家的社会、文化

接近性,在国家层面具备推动与东北亚、东南亚金融科技区域一体化的必要性及可行性。

科技巨头参与东北亚、东南亚金融科技区域一体化,既是在重点区域支撑国家"一带一路"建设,也是化解金融科技逆全球化困境的有效举措。一是实现金融科技巨头企业规划与国家战略的衔接。把具备全球竞争力的金融科技技术、模式融入"一带一路"倡议的建设中,为以国内大循环为主体、国内国际双循环为辅助之相互促进的新发展格局提供底层技术支撑。二是形成基于中国金融科技巨头跨境支付的国际供应链。例如,微信支付已在包括东北亚、东南亚国家在内的沿线国家合规接入,给"一带一路"沿线服务商带来了更大的市场空间。三是输出金融科技巨头整体方案。例如,蚂蚁金服与花旗银行合作,在东南亚沿线国家推出"虚拟卡"服务。蚂蚁金服输出安全风控、数据分析等移动支付基础技术,深化与泰国、菲律宾、印度尼西亚等国家本土企业的合作,打造当地版支付宝。四是重建全球经贸生态。中国金融科技巨头现已经在跨境供应链整合、贸易风险管理、运输模式多样化、贸易产品升级、数字化处理等方面有出色表现,惠及"一带一路"沿线及世界的贸易发展。

（3）完善金融科技巨头的公共事务角色

新冠疫情导致各国不同程度地面临抗疫"公共品"的严重不足,各国金融科技巨头挺身而出扮演了许多公共事务应对的角色。例如,PayPal 参与美国政府疫情紧急援助贷款计划,苹果、谷歌合作追踪新冠病毒感染人群,还有 Alphabet 向其平台上中小企业提供价值 3.4 亿美元的谷歌广告积分,并向世界卫生组织（WHO）及其他政府机构提供 2.5 亿美元的广告拨款。

作为网络基础设施的建设者和运行者,巨头掌控 10 亿级以上用户的实时动态数据,事实上是掌控了用户和社会的隐私、网络安全、公私边界、社会责任与商业利益平衡等一系列事关国家治理的问题。权力越大,责任越大,中国金融科技巨头应有一份责任来提供、维护好的公共品（Public Goods），提出一个符合国际惯例及各国国情的道德底线；学习微软等巨头爱惜自己的道德羽毛，建立一个值得信赖的公用事业声誉（微软将自己定位为科技行业在公共政策事务上的领先倡导者，帮助保护消费者隐私和为人工智能制定道德准则）。

参考文献

［1］尼科洛·马基雅维里.君主论［M］.潘汉典,译.北京:商务印书馆,1985:1-12.

［2］FSB. FinTech and market structure in financial services:Market developments and potential financial stability implications［EB/OL］.［2019-02-14］. https://www.fsb.org/2019/02/fintech-and-market-structure-in-financial-services-market-developments-and-potential-financial-stability-implications/.

［3］丁晓东.算法与歧视:从美国教育平权案看算法伦理与法律解释［J］.中外法学,2017,29(6):1609-1623.

［4］中国人民银行.金融科技(FinTech)发展规划(2019—2021年)［EB/OL］.［2019-08-23］.http://www.gov.cn/xinwen/2019-08/23/content_5423691.htm.

［5］梅里利·S.格林德尔,约翰·W.托马斯.公共选择与政策变迁:发展中国家改革的政治经济学［M］.黄新华,陈天慈,译.北京:商务印书馆,2016:51-78.

［6］马克思.东印度公司,它的历史与结果［M］//马克思,恩格斯.马克思恩格斯全集:第9卷.北京:人民出版社,1982:167-176.

［7］让·梯若尔.产业组织理论［M］.张维迎,译.北京:中国人民大学出版社,2015:1-25.

［8］钱德勒.大企业和国民财富:创新丛书［M］.柳卸林,译.北京:北京大学出版社,2004:25-38.

［9］埃莉诺·奥斯特罗姆.公共事物的治理之道:集体行动制度的演进［M］.余逊达,陈旭东,译.上海:上海三联书店,2000:76-102.

［10］KATZ M L, SHAPIRO C. Network Externalities, Competition, and Compatibility［J］. The American Economic Review, 1985,75(3): 424-440.

［11］万存知.个人信息保护与个人征信监管［J］.中国金融,2017(11):16-18.

［12］陈建.中国信用评分核心在于打破数据孤岛［EB/OL］.［2015-11-02］.http://iof.hexun.com/2015-11-02/180294366.html.

［13］汪路."社会信用体系建设"十年利弊分析［EB/OL］.［2017-12-12］.https://www.sohu.com/a/210075037_777813.

［14］彼得森国际经济研究所（Peter G. Peterson Institute for International Economics).中国的社会信用体系:社会进步的标志,还是对隐私的威胁?［EB/OL］.［2018-08-05］.www.sohu.com/a/245386306_777813.

［15］周小川.信息科技与金融政策的相互作用［J］.中国金融,2019(15):9-15.

［16］乔恩·尼克拉森.一个国家拥有支付系统有多重要?［EB/OL］.［2019-11-14］.https://wisburg.com/articles/341716.

［17］熊鸿儒.我国数字经济发展中的平台垄断及其治理策略［J］.改革,2019(7):52-61.

［18］富兰克林·福尔.没有思想的世界［M］.舍其,译.北京:中信出版集团,2019:62-75.

［19］许恋天.互联网金融监管与反垄断执法二元共治［J］.经济与管理,2019,33(1):59-62.

［20］杨建辉.关于"数据垄断"的几点思考［EB/OL］.［2017-06-20］.http://www.cbdio.com/BigData/2017-06/20/content_5542230.htm.

［21］乔纳森·休斯,路易斯·P.凯恩.美国经济史［M］.邸晓燕,邢露,

等,译.7 版.北京:北京大学出版社,2011:202-260.

[22] JOHNSON K, GRAMER R. The Great Decoupling[EB/OL]. [2020－05－14]. https://www.cnas.org/press/in-the-news/the-great-decoupling.

[23] 郑永年.疫后世界将进入"有限全球化"[N/OL].新京报,[2020-06-18]. http://www.bjnews.com.cn/opinion/2020/06/18/739579.html.

[24] 刘遵义."第一阶段协议"和技术脱钩[EB/OL].[2020－01－30]. http://zh.chinausfocus.com/finance-economy/20200130/41726.html.

[25] 达雷尔·韦斯特.数字政府技术与公共领域绩效[M].郑钟扬,译.北京:科学出版社,2011.

[26] 陈振明.政府治理变革的技术基础:大数据与智能化时代的政府改革述评[J].行政论坛,2015,22(6):1-9.

[27] 邱泽奇.技术化社会治理的异步困境[J].新华文摘,2019(6):19-21.

[28] HYUN S S. Big tech in finance:opportunities and risks[EB/OL]. [2019-06-30].https://www.bis.org/speeches/sp190630b.htm.

[29] 姚前.算法经济:资源配置的新机制[J].清华金融评论,2018(10):81-89.

[30] 中国共产党第十九届中央委员会第四次全体会议.中共中央关于坚持和完善中国特色社会主义制度、推进国家治理体系和治理能力现代化若干重大问题的决定[EB/OL].[2019-11-05].http://www.gov.cn/zhengce/2019-11/05/content_5449023.htm.

[31] NIKLAUS W. Algorithms＋Data structure＝Programs[M]. Upper Saddle River:Prentice Hall, Inc,1976:15-38.

[32] 露西·格林.硅谷帝国:商业巨头如何掌控经济与社会[M].李瑞芳,译.北京:中信出版集团,2019:103-136.

[33] 孙明俊.一样的"云",不一样的"手":主要国家推进云计算产业发展的政策法规[J].金融电子化,2015(7):24-25.

后　记

1996 年我的办公电脑就连着 Internet，但从不网购、打游戏，有意无意到 2015 年才用微信，那时我活在传统生活的"小确幸"中，很少关注所谓金融科技巨头。2016 年，骑共享单车开始把我拉进各种 App。2017 年开设"互联网金融"课程，主动联系黄龙时代广场蚂蚁金服总部调研。"学然后知不足，教然后知困。知不足，然后能自反也；知困，然后能自强也。故曰：教学相长也"（《礼记·学记》）。

从事金融实务、研究、教学二十年，有完整的学习和研究履历，但从没有正经接受过金融科班教育，属于半路出家的非典型金融研究人员，偏偏不愿在专业对口、建模上为难自己，总是"博览闲书"。行为金融学数次获诺贝尔奖之后，稍微坚定了自己多维度研究金融问题的信心；毕竟别人是学术大家，比不了，仍不敢理直气壮。近几年金融科技成为金融理论界的显学后，长尾理论、大数据、机器学习等把原来金融研究的权威、时髦方法颠覆得所剩无几。蚂蚁金服彭蕾表示，我们思考越深，越觉得超出我们的能力边界，需要去找人类学家、社会学家、心理学家，当然，金融经济的专家也需要。我心有戚戚焉。俱往矣，数"研究"人物，还看今朝。

一介布衣指点金融科技巨头及政府治理，似乎自不量力。《君主论》充分鼓励了我："一个身居卑位的人，敢于探讨和指点君主的政务，不应当被看作僭妄，因为正如那些绘风景画的人们，为了考察山峦和高地的性质便厕身于平原，而为了考察平原便高踞山顶一样，同理，深深地认识人民的性质的人应该是君主，而深深地认识君主的性质的人

140

应属于人民。""人民"中有不少研究治理的大家,"习得文武艺,货与帝王家",注意力都在治国平天下;"人民"中更有无数"996"才俊,为稻粱谋服务科技巨头,听命于企业家,陷入歌功颂德今时事。总之,"人民"大多追求喧嚣、繁华、风云际会;世界之大,几无一张纯粹的书桌。高校教师被动选择安静、寂寞、默默无闻,过了"知天命"的我,终于在无人顾及的金融科技巨头治理这一综合、交叉前沿领域找到了一试身手的研究机会。不为经邦纬国和坐而论道,不管精神共鸣及物质承认,只想实现记录、梳理这个金融科技巨头"最好的时代,最坏的时代"的抱负。

对本书有自知之明,绝非高端、大气、上档次!但敝帚自珍,这不是我第一本书,却是我第一本不带功利色彩的书。写作时全凭兴趣,不牵扯课题、经费、工作量、职称。打起了写博士论文的精气神,全身心投入,甚至设想过自己花钱出书。唉,负能量吐槽太多,别人讨厌,自己放空了就行。

一晃就老了。知天命才钻研金融科技有点后知后觉,但革命不分先后,一把年纪的数字移民要登上互联网的客船,关键要拥抱互联网思维。不想本书成为我研究生涯的学术交代,希望这只是我探索数字经济的"投名状"。"纸上得来终觉浅,绝知此事要躬行";有机会想深入企业搞访学、进行案例研究。给我一个支点,也想撬动地球。

本书因为是前沿,所以粗糙,请专家、读者批评指正。同时,感谢立信会计出版社倪丹燕老师的编辑。

朱文生

2020.11.16